Faszination Spiel

Sabine Weinberger · Helga Lindner

# Faszination Spiel

Wie wir spielend zu Gesundheit, Glück und innerer Balance finden

Sabine Weinberger  
Erbendorf, Deutschland

Helga Lindner  
Abensberg, Deutschland

ISBN 978-3-658-27049-0     ISBN 978-3-658-27050-6  (eBook)
https://doi.org/10.1007/978-3-658-27050-6

Die Deutsche Nationalbibliothek verzeichnet diese Publikation in der Deutschen Nationalbibliografie; detaillierte bibliografische Daten sind im Internet über http://dnb.d-nb.de abrufbar.

© Springer Fachmedien Wiesbaden GmbH, ein Teil von Springer Nature 2020
Das Werk einschließlich aller seiner Teile ist urheberrechtlich geschützt. Jede Verwertung, die nicht ausdrücklich vom Urheberrechtsgesetz zugelassen ist, bedarf der vorherigen Zustimmung des Verlags. Das gilt insbesondere für Vervielfältigungen, Bearbeitungen, Übersetzungen, Mikroverfilmungen und die Einspeicherung und Verarbeitung in elektronischen Systemen.
Die Wiedergabe von allgemein beschreibenden Bezeichnungen, Marken, Unternehmensnamen etc. in diesem Werk bedeutet nicht, dass diese frei durch jedermann benutzt werden dürfen. Die Berechtigung zur Benutzung unterliegt, auch ohne gesonderten Hinweis hierzu, den Regeln des Markenrechts. Die Rechte des jeweiligen Zeicheninhabers sind zu beachten.
Der Verlag, die Autoren und die Herausgeber gehen davon aus, dass die Angaben und Informationen in diesem Werk zum Zeitpunkt der Veröffentlichung vollständig und korrekt sind. Weder der Verlag, noch die Autoren oder die Herausgeber übernehmen, ausdrücklich oder implizit, Gewähr für den Inhalt des Werkes, etwaige Fehler oder Äußerungen. Der Verlag bleibt im Hinblick auf geografische Zuordnungen und Gebietsbezeichnungen in veröffentlichten Karten und Institutionsadressen neutral.

Fotonachweis Umschlag: © shocky / stock.adobe.com
Umschlaggestaltung: deblik Berlin

Springer ist ein Imprint der eingetragenen Gesellschaft Springer Fachmedien Wiesbaden GmbH und ist ein Teil von Springer Nature.
Die Anschrift der Gesellschaft ist: Abraham-Lincoln-Str. 46, 65189 Wiesbaden, Germany

*Für*
Jakob, Timo, Jonas, Koby, Nika, Julian und James (S.W.)
*sowie*
Elisa, Valentin, Laura, Cynthia, Cecilia und Mia-Sophie (H.L.)

# Geleitwort

Ein Vorwort für ein Buch zu verfassen, zählt definitiv nicht zu meinen Lieblingsbeschäftigungen. Aber in diesem Fall ist es anders. Es ist mir ein dringendes Bedürfnis, liebe Leserinnen und Leser, mit diesen Zeilen zum Ausdruck zu bringen, wie sehr ich mich darüber freue, dass dieses Buch von Sabine Weinberger und Helga Lindner nun erschienen ist. Aus eigener und zum Teil recht frustrierender Erfahrung weiß ich, wie schwierig es in unserer heutigen, von Effizienzdenken und Zweckorientierung geprägten Lebenswelt ist, das Spiel als eine für uns Menschen unverzichtbare Betätigung herauszustellen. Kreativität, Einfallsreichtum und Fantasie, Erkundung der eigenen Möglichkeiten und Erprobung bereits herausgebildeter Fähigkeiten, Affektregulation, Impulskontrolle und Frustrationstoleranz, Gestaltungslust und Geduld, Einfühlungsvermögen und Mitgefühl, Achtsamkeit und Wertschätzung – keine dieser uns als Menschen ausmachenden Fähigkeiten hätten wir herausbilden können, ohne sie zunächst zweckfrei und spielerisch auszuprobieren. In der Schule unterrichten oder sie durch entsprechende Fördermaßnahmen jemandem beibringen lassen sie sich alle nicht.

Im zweckfreien, unbekümmerten Spiel erleben wir uns als Subjekte, als Gestalter und Konstrukteure unserer eigenen Lernprozesse. Das macht das Spiel so wertvoll. Und wer das dann so zu beschreiben versucht, wird meist sehr rasch danach gefragt, welches Spiel damit gemeint sei. Brettspiele oder Fußballspiele oder Computerspiele?

Es ist zum Verzweifeln! Es geht doch nicht um irgendein Spiel und erst recht nicht um all diese vielen Angebote, die als Spiele mit der Absicht vermarktet werden, ihren Herstellern und Anbietern möglichst große Gewinne zu bescheren.

Es geht um das spielerische Ausprobieren dessen, was alles möglich ist und wie es gelingen kann. Dazu braucht es nichts weiter als die eigene Freude am Spielen. Und die bringen wir alle schon mit auf die Welt, die braucht uns niemand beizubringen und die verschwindet auch nicht, wenn wir älter werden. Es sei denn, sie wird uns von anderen verdorben. Und verantwortlich dafür sind dann meist diejenigen, die sich das ökonomische Zweckmäßigkeits- und Effizienzdenken unserer gegenwärtigen Epoche besonders nachhaltig zueigen gemacht haben, weil sie damit in den Augen vieler Zeitgenossen als besonders erfolgreich gelten.

In diesem Buch geht es aber nicht um den Erfolg, den jemand im Leben haben kann, sondern um die Faszination, die jeder Mensch, ob jung oder alt erlebt, wenn er sich auf den Zauber des zweckfreien, spielerischen Ausprobierens seiner Möglichkeiten einlässt. Es geht um das Spielen als Lebenskunst und um das Spiel als Erfahrungsraum zur Erkundung eigener Potenziale. Und auch darum, dass es keine Altersbeschränkung für das Kennenlernen der Faszination gibt, die vom Spiel ausgeht. Und es geht um Inspiration und Ideen, die uns helfen, die Freude am Spielen wiederzuentdecken. Aber lesen Sie selbst. Es lohnt sich. Sie werden sich leichter fühlen, und alles wird Ihnen leichter fallen, wenn Sie nicht mehr ständig optimal funktionieren müssen, sondern zweckfrei, einfach so wieder zu spielen beginnen.

Im Mai 2019                                                                                           Gerald Hüther

# Vorwort und Einleitung

Wenn ich nur darf,
Wenn ich soll,

Aber nie kann, wenn ich will,
Dann kann ich auch nicht,
Wenn ich muss.

Wenn ich aber darf,
Wenn ich will,
Dann kann ich auch,
Wenn ich muss.

Denn merke: Die können sollen,
Müssen auch wollen dürfen.

(Johannes Conrad 1929–2005)

Dieses Buch ist im wahrsten Sinne des Wortes verspielt – viele Monate lang haben wir uns imaginär „Spielbälle" zugeworfen: Wissenswertes, Geschichten, Zitate, Beispiele, Gedanken und Bilder. Entstanden ist nun eine Sammlung von Ideen und Anregungen, wie Sie als Leser wieder einen spielerischen Zugang zu Ihrem Leben finden können.

Wir, Psychotherapeutinnen für Kinder, Jugendliche und Erwachsene, schätzen in der Praxis das Spiel als Erfahrungsraum, in dem sich der Mensch wieder neu entdecken und lebendig fühlen kann. Das Spiel bietet zahlreiche

Möglichkeiten, sich aus einer anderen Perspektive wahrzunehmen, Neues auszuprobieren und sich so von alten, destruktiven Mustern des Erlebens und Verhaltens zu verabschieden.

Darüberhinaus erleben wir durch viele Beobachtungen und Erfahrungen in Beziehungen, in der Eltern- und Großelternrolle oder in der Gemeinschaft mit Freunden, das Spiel als bedeutenden Lebensraum für freudiges Gestalten und Entdecken, Lernen und Zusammenhalt, der in unserer Gesellschaft nicht fehlen darf. Die Faszination verstehen wir dabei als eine besondere Art der Aufmerksamkeit, die Fähigkeiten wie z. B. Phantasie, Spontaneität, Kreativität und Lebendigkeit entfacht und eine Bereicherung für jeden Menschen darstellt.

In diesem Buch möchten wir zeigen, dass der Mensch *ein Leben lang* spielerisch fasziniert sein kann. In jeder Lebensphase bietet das Spielen eine wunderbare Möglichkeit, neue Erfahrungen zu machen, verschüttete positive Gefühle zu entdecken, spielend mit Niederlagen umzugehen und Lebensfreude, Glücksmomente und Bereicherung zu erfahren.

In den Kap. 2 und 3 beschäftigen wir uns mit der Faszination und dem Spielen im Allgemeinen, in den Kap. 4 bis 8 bringen wir beides zusammen. Diese Kapitel haben einen einheitlichen Aufbau. Nach einer kurzen theoretischen Einführung in die jeweilige Altersstufe mit ihren spezifischen Entwicklungsaufgaben und Herausforderungen folgen Ideen und Beispiele, wie die Faszination im jeweiligen Lebensabschnitt „*ins Spiel*" gebracht werden kann. Für Interessierte werden dabei einzelne Wissensgebiete vertiefend dargestellt (‚*Spielball Wissen*'). Nach einer Zusammenfassung (‚*Auf den Punkt gebracht*') wird auf etwaige Bedenken (‚*Ja, aber*') eingegangen. Jeder Abschnitt endet mit dem Angebot, sich seine gegenwärtige Lebenssituation in Hinblick auf Faszination und Spiel gedanklich anzuschauen (‚*Gedankenspiele*'). Die einzelnen Kapitel werden mit einigen ausgewählten Büchern zum Weiterlesen und DVDs zum Anschauen (‚*Bücher-und Filmkiste*') abgerundet.

## Danksagung

Danken möchten wir all den Menschen, die unser Buch durch ihre vielfältigen Spiel-Beispiele angereichert oder erst möglich gemacht haben, sowie denen, die uns durch ihre Ideen und kritischen Rückmeldungen geholfen haben, das Buch schrittweise zu verbessern.

Insbesondere seien genannt: Ursula und Hans Breiter, Bettina Cocron, Astrid und Helge Gerndt, Maresa Haller, Cynthia und Günther Kraus, Jürgen und Helmut Lindner, Barbara Mohrmodes, Gisela Nathmann, Angela Petschel, Gabi Waltl, Katharina, Fabian und Lorenz Weinberger.

Für ihre engagierte und sehr wertschätzende Zusammenarbeit möchten wir auch Dr. Lisa Bender und Dr. Astrid Horlacher vom Springer-Verlag danken.

Und zu guter Letzt gilt unser Dank auch unseren Müttern und Großmüttern, die uns – jede auf ihre eigene Art und Weise – als weibliche Vorbilder für Liebe, Mut und Einfallsreichtum sehr wichtig waren.

Sabine Weinberger<br>
Helga Lindner

# Inhaltsverzeichnis

1 Im Spiel „gesehen werden"  1

2 Die Faszination  3

3 Das Spiel in seinen Facetten  13

4 Frühe Kindheit und Spiel  31

5 Schulkinder und Spiel  59

6 Jugendliche und Spiel  83

7 Erwachsene und Spiel  105

8 Senioren und Spiel  143

9 Ausblick  167

# 1

# Im Spiel „gesehen werden"

„Wenn ich sehe und gesehen werde,
bin ich selbst".
(Daniel W. Winnicott)

## 1.1 „Sehen und gesehen werden"

Wenn wir im Meer des Lebens navigieren, brauchen wir Begleiter. Der Mensch als soziales Wesen ist zeit seines Lebens in irgendeiner Art auf andere Menschen angewiesen. Unsere Begleiter müssen sich um uns kümmern, uns nähren und trösten, uns helfen und mit uns kommunizieren, aber auch uns pflegen und wieder loslassen. Dies geschieht gegenseitig und prägt die soziale Kultur der Menschheit.

Was wir in jeder Phase unseres Lebens aber vor allem brauchen: Wir müssen von unseren Begleitern *gesehen* werden, in all' unserer Vielfalt, die uns als Wesen so einmalig macht. Der Begriff „feeling seen" [1] drückt dies noch schöner aus: wir wollen *fühlen,* dass wir gesehen werden.

Durch das Vertrauen des Gegenübers, dass das Kind in seinem Tun und Handeln in Ordnung ist, so wie es ist, kann das Vertrauen des Kindes in sich und seine Sicht auf die Welt entstehen und weiter wachsen. Es ist aber auch für uns Erwachsene so wichtig, dass wir in wohlwollender Art und

---

[1] Der Begriff „feeling seen" wurde von dem Psychologen Michael Bachg geprägt, der damit eine neurologisch fundierte, körperorientierte Psychotherapie und Pädagogik für Kinder, Jugendliche und Eltern begründete.

Weise „gesehen werden". Diese Form von „emotionaler Resonanz" ist frei von bewertenden oder abwertenden Motiven, sondern ist vielmehr ein Kompass, der uns Halt gibt auf dem ganz eigenen Lebensweg unserer Entwicklung. Wenn wir Gutes tun, freuen wir uns, wenn uns jemand mit einem Lächeln zustimmt. Wenn wir Fehler machen, möchten wir getröstet und aufgemuntert werden, es beim nächsten Mal besser zu machen. Wir wollen *gesehen* und als einzigartiges Wesen wahrgenommen werden. Und das ein Leben lang.

## 1.2 „Das Spiel ist die Bühne"

Und hier möchten wir das Spiel „ins Spiel bringen". Hier kann der Mensch in all seinen Facetten *gesehen* werden, wie wir nachfolgend zeigen werden. Wenn wir das Kind und den Erwachsenen aber nur mehr in dem Bereich *sehen,* wo er Leistung erbringt, in der Schule oder im Beruf, dann besteht über kurz oder lang die Gefahr, dass wir ihn, erstens, nur in der Bewertung gegenüber anderen *sehen* und zweitens, dass wir viele Facetten und einzigartige Eigenschaften *gar nicht* mehr sehen. Es könnte passieren, dass Bereiche in diesem Menschen brachliegen, weil es kein Gegenüber mehr gibt, welches *sieht,* wie bedeutend sie für den einzelnen sind. Dies gilt besonders für Kinder und Jugendliche, deren Persönlichkeitsentwicklung entscheidend durch die Resonanz der Bezugspersonen geprägt wird: Wenn z. B. der Vater nur die Note 4 in Mathematik *sieht,* die der Junge mit nach Hause bringt, aber den Lego-Hubschrauber, den der Junge in stundenlanger Kleinarbeit zusammengebaut hat, keines Blickes würdigt. Aber auch wir Erwachsene haben das Bedürfnis, mit all unseren Facetten gesehen und gewürdigt zu werden: Wenn zum Beispiel der Ehemann den beruflichen Wiedereinstieg seiner Ehefrau sieht und schätzt, nicht aber ihr Bedürfnis, weiterhin einmal im Monat mit ihren Freundinnen Bridge zu spielen oder die Ehefrau den beruflichen Erfolg ihres Mannes *sehen* und akzeptieren kann, nicht aber seine Leidenschaft, mit der er die Fußballgruppe des Sohnes trainiert.

Dieses *Gesehen werden* in seiner Vielfalt und Einmaligkeit ist eine Sehnsucht, ein Gefühl, das jeder von uns kennt und das wir als größtes Geschenk an unser Gegenüber weitergeben können. Dies ist der Ansatz, der uns bewegt hat, dieses Buch zu schreiben. Es ist die *Faszination des Spielens,* die wir in Ihnen, liebe Leserin, lieber Leser, ob jung oder alt, entfachen möchten.

# 2

# Die Faszination

## 2.1 „Faszination als Gefühl"– packend und vielfältig

„Ein Gelehrter in seinem Laboratorium
ist nicht nur ein Techniker;
er steht auch vor den Naturgesetzen
wie ein Kind vor der Märchenwelt".
(Marie Curie)

In den Augen der Kinder, die vor dem Feuer sitzen, sehen wir sie sofort. Wir spüren, wie das Knistern und die Wärme der Flammen, das „Spiel mit dem Feuer", jeden in den Bann zieht. Wir müssen nicht darüber nachdenken und kennen sie doch sehr gut. Wenn sie uns trifft, ist sie plötzlich da. Sie schleicht nicht langsam über den Nacken herauf wie die Angst, sondern verbreitet sofort ein aufregendes Gefühl von Spannung und Vorfreude. Manchmal irritiert sie uns sogar, und doch werden wir magisch von ihr angezogen. Wenn wir Faszination beschreiben möchten, finden wir Synonyme wie „Funken", „Kribbeln", „Blitz" oder „Kick", aber wir tun uns schwer, sie mit Worten zu definieren (Abb. 2.1).

Die Faszination ist eine ganz besondere Art der Aufmerksamkeit, denn sie öffnet eine Tür in uns, die uns neugierig macht auf das, was nun kommt. Sie macht uns augenblicklich wach, zentriert uns und macht uns mit unseren Sinnen, Gedanken und Gefühlen, also unserem gesamten Organismus, bereit, uns auf eine neue Erfahrung einzulassen. Die Faszination hat quasi

**Abb. 2.1** Feuer fasziniert groß und klein (© Lindner)

die Aufgabe des ersten Dominosteins, der eine Welle an biologischen Vorgängen ins Rollen bringt, die dann im „Meer der Aufmerksamkeit" mündet.

Wir möchten Sie einladen, mit uns über die Art und Weise dieser Aufmerksamkeit nachzudenken. Und wir möchten Sie inspirieren, wieder aufmerksam zu werden für die faszinierenden Augenblicke des Lebens.

## 2.2 „Faszination" – die besondere Art der Aufmerksamkeit

Im Gegensatz zur Faszination findet der Begriff „Aufmerksamkeit" viel Beachtung. Zunehmend in den letzten Jahren hat die Forschung immer mehr Daten zu den Feldern „Aufmerksamkeit und Lernen", „Aufmerksamkeit und Bewusstsein" beisteuern können. Auch durch die immens steigende Zahl an diagnostizierten Aufmerksamkeitsstörungen bei Kindern, Jugendlichen und Erwachsenen hat das Thema Einzug in Familie, Schule und Medizin gefunden. Gerade aber bei diesen Kindern haben wir erlebt, dass sie sich ausdauernd und konzentriert beschäftigen können, wenn sie von etwas fasziniert sind.

Schaut man bei Wikipedia unter Aufmerksamkeit nach, so findet sich ein sorgfältig ausgearbeiteter Artikel, der neben der Begriffsbestimmung auch die frühere und aktuelle Forschung sowie diverse Aufmerksamkeitstypen, -störungen und -klassifikationen enthält.

Was aber völlig fehlt ist die ganz besondere Art der Aufmerksamkeit: die *Faszination*.

Die Faszination wird als „anziehende, fesselnde Wirkung", als „bezaubernde Ausstrahlung und Anziehungskraft" beschrieben. Der Begriff wird bei vielen Themen, z. B. „Faszination Meeresforschung", „Faszination Wissen" oder „Faszination Weltraum" verwendet und jeder weiß sofort, was damit gemeint ist.

Im Folgenden werden wir die Faszination als ganz besondere Art und Weise der Aufmerksamkeit näher darstellen und mit dem Spiel in Verbindung bringen. Als eine Art der Aufmerksamkeit, die sehr stark von innen kommt, nicht direkt anstrengend ist, in der ich das Zeitgefühl verlieren kann und in der ich sehr stark angesprochen werde, *ohne dass ich mich bemühen muss.*

Wir können uns zwingen oder zumindest bemühen, eine bestimmte Zeit aufmerksam zu sein, aber nicht, fasziniert zu sein. Faszination ist mehr. In der Faszination ist immer etwas, was aus dem inneren emotionalen Erleben kommt, das wir bewusst nicht beeinflussen können. Wir können höchstens Bedingungen schaffen, die es uns wahrscheinlich ermöglichen, fasziniert zu sein. Wenn wir z. B. anfangen ein Buch zu lesen, von dem wir annehmen, dass es uns faszinieren wird. Oder wenn wir ins Kino gehen, weil dort ein Film läuft, der viele andere schon fasziniert hat. Oder wir beginnen ein Computerspiel, von dem wir aufgrund des Werbetextes schon ahnen, dass es uns faszinieren wird.

## 2.3 „Die Geschwister der Faszination" – verwandte Aspekte

### Faszination und Staunen

Faszination hat viel mit der Fähigkeit des Staunens zu tun, sie ist ein Merkmal der Kindheit schlechthin. Kinder haben die wunderbare Fähigkeit, im Augenblick zu leben. Jedes Ding, jede Farbe, jedes Material, jeder Ton, einfach alles in ihrem Horizont wird wahrgenommen und mit Hingabe von allen Seiten bestaunt und untersucht. Denken Sie an die großen leuchtenden Augen, an das „Aah" und „Ooh" wenn sie das erste Mal einen geschmückten Christbaum sehen. Kinder tauchen sofort in den Moment ein und saugen alles auf, was sie entdecken können. Auf diese Weise stillen sie ihren ungeheuren Wissensdurst und verharren solange bei dieser Sache, bis sie müde werden oder sich an dem Ding „satt gesehen" oder ausgespielt haben (Abb. 2.2).

„Das Staunen ist eine Sehnsucht nach Wissen" (Thomas von Aquin), dies können wir bei Kindern sehr schön beobachten. Auch Jugendliche können noch staunen und lassen sich faszinieren – wenn auch nicht immer von den für sie förderlichen Themen und Reizen. Erwachsenen fehlt oft in einem vollgepackten Leben die Wertschätzung für den faszinierenden Augenblick oder sie glauben, es gäbe in ihrem Leben nichts mehr zu bestaunen, weil sie alles schon gesehen hätten. Dennoch bleibt die Fähigkeit, sich faszinieren zu lassen, zeitlebens bestehen und auch das Staunen kann jederzeit wiederentdeckt werden, z. B. in der Rolle der Eltern und Großeltern.

**Abb. 2.2** Oh! (© Weinberger)

## Faszination und Flow

Mit „Flow" wird eine Erfahrung bezeichnet, in der man ganz in seiner momentanen Tätigkeit aufgeht, alles um sich herum ausblendet und gleichzeitig maximal konzentriert ist (Csikszentmihalyi 1994). Entscheidend ist dabei, dass man so konzentriert ist, dass kein Platz für die üblichen Bewertungen des eigenen Selbst (Bin ich gut genug dafür? Kann ich das? Wie sehe ich aus? Hoffentlich mache ich keine Fehler etc.) da ist. Ganz in einer Tätigkeit aufzugehen, das Zeitgefühl zu verlieren und gleichzeitig ganz bei sich zu sein, findet sich im kindlichen Spiel, beim Musizieren, Tanzen und bei vielen Aktivitäten wieder, die eine gewisse Herausforderung darstellen und die man um ihrer selbst willen ausführt, nicht, weil man muss oder einen bestimmten Zweck damit verfolgt.

Jeder Mensch hat in seinem subjektiven Erleben schon Flow-Erlebnisse gehabt, er war fasziniert von etwas und hat sich dem völlig hingegeben, es war im Bewusstsein kein Platz mehr für die üblichen Sorgen, Grübeleien etc., gleichzeitig lief die jeweilige herausfordernde Tätigkeit „wie geschmiert" und man hatte das Gefühl über sich hinauszuwachsen.

Insofern können sich, wenn wir von etwas fasziniert sind, intensive Flow-Erlebnisse ergeben, die wir als Glücksmomente erfahren und die sich nachweisbar positiv in unserem Körper auswirken.

## Faszination und Trance

Trance (lat. *transire* hinübergehen, überschreiten) bezeichnet einen veränderten Bewusstseinszustand, der zwischen dem normalen Wachzustand und dem Schlafzustand liegt.

Es gibt ganz verschiedene Arten und Tiefen von Tranceerlebnissen. Von der einfachen Autotrance, die jeder kennt (ich bin ganz in meiner Gedankenwelt versunken und merke nicht, dass ich an der geplanten Ausfahrt vorbei gefahren bin), der Trance im Kino, wo der Film, die Dunkelheit und die Fokussierung auf die Leinwand zu einer Trance führen, so dass ich die Zeit vergesse und mir nach dem Film draußen die Farben und Geräusche für eine kurze Zeit grell und besonders laut vorkommen bis zu den speziellen Tranceerlebnissen im Rahmen einer professionell durchgeführten Hypnose oder Hypnotherapie.

Wenn wir von etwas fasziniert sind, vergessen wir auch Raum und Zeit, sind ganz fokussiert und kurz verwirrt, wenn wir wieder in die normale Aufmerksamkeit zurückschalten. Das können Gedanken sein,

Gegenstände, Geschehnisse (z. B. ein Film), eine Stimme, ein Bild und vieles mehr. Insofern kann es in Bezug auf Faszination und Trance fließende Übergänge geben. Am deutlichsten sieht man das bei Kindern, die durch ihre Faszination im Spiel in eine sogenannte Spieltrance geraten und gar nicht reagieren, wenn man sie anspricht (Schmidtchen 1991). Die Aussage, „ich habe nicht gehört, dass Du mich gerufen hast" kann somit tatsächlich zutreffen.

## Faszination und Achtsamkeit

Achtsamkeit ist eine elementare Haltung der Aufmerksamkeit, die besonders in der buddhistischen Tradition seit über 2000 Jahren als meditative Praxis gelehrt wird. Es handelt sich dabei um eine bewusste Form der Aufmerksamkeit, die sich auf das bewusste Erleben des gegenwärtigen Moments richtet und nicht bewertend ist (Thich Nhat Hanh 2009).

Schaut man sich die Konzepte Faszination und Achtsamkeit an, so fallen die Gemeinsamkeiten ins Auge. Die Hinwendung zum gegenwärtigen Moment, das Eintauchen in den gegenwärtigen Augenblick und das Nicht – Bewerten. Das „Gedankenkreiseln" hört auf, ich bin ganz bei dem, was ich gerade tue. Der innere Kritiker, der gerade bei Menschen mit z. B. depressiven Erkrankungen eine starke Rolle spielt, ist für den Zeitraum verstummt. Deshalb wundert es nicht, dass das Konzept der Achtsamkeit in der Therapie psychischer Erkrankungen häufig Verwendung findet, etwa im Programm zur achtsamkeitsbasierten Stressreduktion von John Kabat-Zinn (Meibert et al. 2006).

Der bewusste Einsatz von Achtsamkeit ist schwierig, da das Erleben einer Person ganz viel mit tief verwurzelten Gewohnheiten zu tun hat. Häufig setzen ganz automatisch Bewertungsvorgänge ein, und es fällt uns schwer, achtsam zu sein und nur bei dem zu verweilen, was gerade ist.

Faszination kann uns in die Achtsamkeit führen, ohne dass wir uns anstrengen müssen. Es kann plötzlich eine Faszination für etwas auftauchen, wir schauen genauer hin und können dann Details wahrnehmen, die wir vorher gar nicht beachtet haben und die uns dann weiter faszinieren. Das kann das Muster auf einer Tasse sein, die ich gerade aus dem Schrank hole, die filigrane Struktur eines Blattes, das ich in der Hand halte, der silbrige Flügel einer Fliege, die sich neben mir auf dem Tisch niederlässt. Wenn ich dann mit bewusster Aufmerksamkeit genau dabei bleibe, mich ganz auf den gegenwärtigen Moment einlasse und im Hier und Jetzt bin, dann bin ich im Zustand der Achtsamkeit.

## 2.4 „Gibt es sie noch?" – die Faszination in der modernen Gesellschaft

Unser Wirtschaftssystem bringt es mit sich, dass ständig um unsere Aufmerksamkeit geworben wird. Fernsehwerbung, für die die Auftraggeber Unsummen zahlen, der Fernsehbildschirm, der unsere Aufmerksamkeit auf drei oder noch mehr Botschaften gleichzeitig lenkt und das Internet, das einen beim Öffnen einer Webseite mit vielen ansprechenden Bildern zu ködern versucht, um nur einige Beispiele zu nennen. Die Zunahme an Aufmerksamkeitsstörungen verwundert deshalb nicht – auch wenn dies natürlich nicht die alleinige Ursache dieser Störungen ist.

Natürlich wollen alle Absender der Werbebotschaften wenn möglich nicht nur unsere Aufmerksamkeit, sondern noch besser unsere Faszination. Dann haben wir den Angelhaken wirklich geschluckt. Die Faszination an sich ist dabei völlig wertfrei. So kann es sich bei unserer Faszination um ein umwerfendes Paar Schuhe handeln, von dem wir durch die Webseite so fasziniert sind, dass wir es auf der Stelle bestellen, um die bereits bestehende Schuhsammlung noch um diesen ganz speziellen Farbton zu erweitern, oder es kann sich um eine Patenschaft in Afrika handeln, die von einer seriösen Organisation vermittelt wird, um nur zwei Beispiele zu nennen.

Das Buhlen um Aufmerksamkeit, die Versuche, uns mit allen Mitteln zu faszinieren, nimmt immer mehr zu und fängt bereits bei den Kleinkindern an. Da die uns zur Verfügung stehende Zeit aber die gleiche geblieben ist, ist es entscheidend, wovon wir uns faszinieren lassen und dann weiterhin, wie wir mit diesem intensiven Erleben umgehen.

Denn es gibt auch die Schattenseiten der Faszination, wenn wir zum Beispiel keine innere Instanz mehr haben, uns der Faszination nicht mehr entziehen können und deshalb in die Sucht abgleiten. Die ständig verfügbaren digitalen Medien in Verbindung mit großem zeitlichem und psychischem Druck lassen häufig die oben beschriebenen Facetten der Faszination nicht mehr zu. Daraus entsteht in unserem Zusammenhang ein hohes Risiko insbesondere für die häusliche Spielsucht am Computer, da der Spielende rasch eine Linderung seiner Anspannung erfährt. Für uns besteht eine große Herausforderung in Familie und Schule darin: Die Faszination für das Spiel (nicht nur am Computer) und die spielerischen Elemente im Leben wieder als Teil unserer Lebensgestaltung zu verstehen, in der wir Kraft und Energie tanken können. Hierfür benötigen wir Spielräume, freie Zeit und vor allem die Haltung, dass die „Faszination im Spiel" als wertvolles Kulturgut in eine moderne Gesellschaft gehört.

**Auf den Punkt gebracht**

- Faszination ist eine besondere Art der Aufmerksamkeit, die sehr stark aus dem individuellen inneren Erleben kommt und die wir nicht bewusst steuern können. Wir können nur Bedingungen her- oder bereitstellen, die es uns ermöglichen, uns faszinieren zu lassen.
- In der Faszination kann ich Flow-Erlebnisse haben, ich kann in einer leichten Trance sein, ich kann sie aber auch hellwach in einer Haltung der Achtsamkeit erleben. Wie beim Flow-Erlebnis und einer Achtsamkeitsübung vergesse ich in dem Moment mein übliches Gedankenkarussel, meine inneren Kommentare zu dem, was ich gerade tue, früher mal getan habe oder vorhabe zu tun und bin ganz in dem jeweiligen Moment. Faszination ist also nicht per se gut oder schlecht, sondern ein starkes emotionales Erlebnis. Es hängt davon ab, wovon ich mich faszinieren lasse und wie ich damit umgehe.
- Von etwas fasziniert zu sein kann mich bereichern, indem ich mich durch die Selbstvergessenheit regeneriere, Körper und Geist entspanne oder gar ganz besondere Erfolgsmomente habe. Es kann mich aber auch zerstören, indem ich von der Faszination nicht mehr loskomme, sie zu viel Zeit beansprucht und/oder ich mich zu unüberlegten Handlungen hinreißen lasse.

## Gedankenspiele

- Was fasziniert mich? Welche Gefühle kommen in mir dabei hoch?
- Wovon hängt es ab, dass ich dem nachgebe?
- Inwieweit lasse ich mich dabei zu unüberlegten Handlungen (z. B. spontanen Käufen) hinreißen, die im Nachhinein unnötig oder nicht sinnvoll erscheinen?
- Bei welchen Themen bin ich selber tätig und dabei fasziniert, bei welchen Themen bin ich beim Zuschauen oder Betrachten fasziniert?
- Wünsche ich mir mehr Faszination in meinem Leben, oder passt es so?

## Bücherkiste

- Bannasch, Lutz/Junginger, Beate (2015): Gesunde Psyche, gesundes Immunsystem: Wie die Psychoneuroimmunologie gegen Stress hilft. München: Knaur MensSana.
- Kabat-Zinn, John (2013): Achtsamkeit für Anfänger. Freiamt: Arbor.
- Silverton, Sarah (2012): Das Praxisbuch der ACHTSAMKEIT. Wirksame Selbsthilfe bei Stress. München: Kösel.

## Literatur

Csikszentmihalyi M (1994) Flow. Das Geheimnis des Glücks, 4. Aufl. Klett-Cotta, Stuttgart
Hanh TN (2009) Das Wunder der Achtsamkeit: Einführung in die Meditation. J. Kamphausen Mediengruppe, Bielefeld
Meibert P, Michalak J, Heidenreich T (2006) Achtsamkeitsbasierte Stressreduktion – Mindfulness-Based Stress Reduction (MBSR) nach Kabat-Zinn. In: Heidenreich T, Michalak J (Hrsg) Achtsamkeit und Akzeptanz in der Psychotherapie, 2. Aufl. DGVT, Tübingen, S 141–192
Schmidtchen S (1991) Klientenzentrierte Spiel- und Familientherapie. 3. überarb. u. erweiterte Aufl. Beltz, Weinheim

# 3

# Das Spiel in seinen Facetten

„Spielen ist eine Tätigkeit,
die man gar nicht ernst genug nehmen kann".
(Jaques-Ives Cousteau)

Wir sind überzeugt: jeder Mensch muss spielen! Er spielt ein Leben lang und er hat seit den Anfängen der Menschheitsgeschichte gespielt. Johan Huizinga (1872–1945), ein niederländischer Historiker und Kulturphilosoph, beschreibt das Spiel als grundlegendes Element unserer Kultur, das andere kulturelle Leistungen, wie Dichtung, bildende Künste, Philosophie überhaupt erst möglich gemacht hat. Er betont, dass das Spiel außerhalb der unmittelbaren Befriedigung von Notwendigkeiten und Begierden steht, ja diesen Prozess unterbricht: „Es befriedigt Ideale des Ausdrucks und des Zusammenlebens. Es hat seinen Platz in einer Sphäre, die über der des rein biologischen Prozesses des Sichnährens, Sichpaarens, und Sichschützens liegt." (2001, S. 17). Durch räumliche und zeitliche Abgrenzung vom gewöhnlichen Leben schafft das Spiel Ordnung in einer oft verworrenen Welt (ebd., S. 19).

Bevor wir Sie mit zahlreichen Ideen in die faszinierende Welt des Spielens mitnehmen möchten, haben wir drei allgemeine Aspekte des Spiels herausgegriffen, die für uns die Komplexität des Spiels unterstreichen.

## 3.1 „Ist das Leben ein Spiel?" – Spielen als Lebenskunst

Ist das Leben ein Spiel? Diese uralte Frage stellt sich auch der Philosoph Wilhelm Schmid, indem er philosophische Überlegungen zur Lebenskunst anstellt. Nachdem dem Einzelnen heute so viele Möglichkeiten wie nie zuvor offenstehen, kann man das Leben als Spiel sehen: es wird experimentiert und ausprobiert, Regeln werden aufgestellt, Zufall und Glück, Geschicklichkeit und Können, Verbundenheit mit anderen und das Reagieren auf die Mitspieler, dies alles und vieles mehr findet sich im „Spiel des Lebens" wieder. Wir folgen seinen Gedanken, dass die Begeisterung, die große *Faszination,* die das Leben als Spiel auf sich zieht, eine Hilfestellung für das Leben sein kann, „denn sie begründet eine starke Bindung ans Leben, und sie ist eine Quelle großer Ergiebigkeit, aus der das gesamte Leben hindurch geschöpft werden kann, durch alle Widrigkeiten, Irritationen, Anfeindungen, Krankheiten hindurch" (Schmid 2004, S. 55).

Wilhelm Schmid kommt zu dem Fazit, dass das Leben dort zum Spiel wird, wo es um ein Ausprobieren und Versuchen geht, unabhängig von Gelingen und Misslingen, dass es aber auch um das ‚Können lernen' geht, d. h. darum, die verschiedensten Lebenssituationen gut zu meistern. Demzufolge sind seiner Meinung nach Spiele aller Art als Übung fürs „Lebenskönnen" geeignet.

Auch der philosophische Berater Andreas Belwe (2007) untersucht, inwieweit das Spiel eine bereichernde Möglichkeit ist, den Herausforderungen des Lebens zu begegnen. Dabei geht es ihm nicht um die Parallele zwischen dem Spiel und dem Leben. Er geht in erster Linie der Frage nach, wie man *spielerisch* handeln und leben kann. Dabei hält er fest, dass ‚spielerisch' nicht verspielt und oberflächlich meint, sondern für eine Haltung steht, für eine Haltung, an Dinge ohne Zwang heranzugehen, was gerade in unserer Zeit des Leistungsdrucks eine Herausforderung darstellt.

In Bezug auf die Lebenskunst im Spiel, sieht Belwe die Faszination im Spiel in der Distanz, die das Spiel zur eigenen Person schafft. Im Spiel kann man verschiedenste Seiten ausleben, sich ausprobieren, anders sein, als im ‚normalen Leben' und doch ist man immer auch die eigene Person.

Um mit den Widrigkeiten des Lebens umzugehen, hilft nach Belwe oft die Ironie, schafft sie doch eine Distanz zu den inneren und äußeren Widersprüchen, denen man im Laufe des Lebens immer wieder begegnet. Noch besser als die Ironie ist jedoch das Spiel dazu geeignet, diesen inneren Abstand zur Person herzustellen, denn im Spiel kommt das Hören auf die eigene Intuition, das Experimentieren, das Sich-mit-einer-Rolle-Identifizieren, dann aber auch wieder Loslassen-Können hinzu. Deshalb liegt für Belwe in der Haltung des spielerischen Lebens die höchste Weisheit.

Ganz ähnlich verstehen wir das ‚Spiel als Lebenskunst' in einem sehr umfassenden Sinne. Es geht um eine Tätigkeit, die ohne äußeren Zwang geschieht und die – wie es heute so schön heißt – ergebnisoffen ist. Das Medium ist dabei zweitrangig, entscheidend ist die Haltung, mit der ich etwas tue. Diese innere Haltung, die eine Tätigkeit zum Spiel werden lässt, hilft uns auch, schwierige Situationen zu meistern. So geht es zum einen darum, sich nicht mit dem Problem zu identifizieren, sondern zu erkennen, dass wir viel mehr sind als das Problem, das uns im Moment so beschäftigt. Aus diesem Grund ist im psychotherapeutischen Kontext die sogenannte „Ego-State-Therapie", die ganz gezielt mit den verschiedenen Persönlichkeitsanteilen, die in jedem von uns sind, arbeitet, sehr erfolgreich, genauso wie das Buch „Wir sind viele" von Richard David Precht einem breiten Publikum bekannt wurde. *Spielen* kann dabei helfen, die unterschiedlichen Facetten der eigenen Persönlichkeit zu entdecken.

Zum anderen hilft uns diese Haltung, eine andere Blickrichtung einzunehmen. In dem Moment, in dem ich den *Spielraum* in einer Situation entdecke, gehe ich weg von der Fokussierung auf das Problem und kann Wege sehen, die ich durch den „Tunnelblick" vorher nicht sehen konnte. Dieser Perspektivenwechsel wird im psychotherapeutischen Rahmen „Reframing" oder auf Deutsch „Umdeutung" genannt. Es ist ein Unterschied, ob die Mutter in ihrem Kind ein stures Kind oder ein Kind mit einem starken Willen sieht. Genauso, ob wir in einer Partnerschaft den anderen als chaotisch oder kreativ betiteln. In psychotherapeutischen Prozessen spielt das Reframing bzw. Umdeuten eine große Rolle, denn es verändert nicht die Situation, die manchmal nicht zu ändern ist, sondern den Blick, mit dem ich das Geschehen betrachte:

> Ein Gedicht: DANKBAR!, das dies nochmal verdeutlicht[1]:
>
> „Früh wach – lebendige Kinder
> Haus voller Unordnung – ein Dach über dem Kopf
> Schon wieder Regen – gut für den Garten
> Der tägliche Einkauf – Versorgung gesichert
> Berge von Wäsche – genug zum Anziehen

---

[1] aus „Der andere Advent" 2016/2017.

> Stapel von Abwasch – alle sind satt
> Bus verpasst – geschenkte Zeit
> Jede Menge Lärm – Menschen um mich her
> Erschöpft ins Bett – ein Tag voller Leben!"

Spielen heißt, ganz im jeweiligen Tun aufzugehen, ganz im „Hier und Jetzt" zu sein. Das ist ein Auftanken par excellence, ganz ohne Aufputschmittel. Diese Kraft, die sich Kinder beim Spiel holen können, die gilt es beim Heranwachsen der Kinder zu schützen und als Erwachsene wieder mehr ins Leben zu holen.

In ihren Kinderbüchern verkörpert Astrid Lindgren mit ihren Protagonisten (Michel von Lönneberga, Ronja, die Räubertochter, die Kinder aus Bullerbü u. a.) diese Lebens- und Spielkunst, welche Kinder und Erwachsene

**Abb. 3.1** „Ich kann alles, wenn ich nur will" (© Lindner)

gleichermaßen in den Bann der faszinierenden Welt des Spielens zieht. Parallel dazu spricht sie stets mit ihren Figuren, z. B. mit Annika als Freundin von Pippi Langstrumpf, auch den „vernünftigen" und realistischen Anteil in uns an und zeigt in hervorragender Weise, dass Spiel und Ernst, Pflicht und Kür, Spannung und Entspannung, Ordnung und Chaos in dialektischer Weise zum Fluss des Lebens gehören (Abb. 3.1).

## 3.2 „Darf's ein bisschen mehr sein?" – Spielen als Potenzialentfaltung

In dem Buch „Rettet das Spiel" unterscheiden die Autoren Gerald Hüther und Christoph Quarch (2016) zwischen dem *homo ludens,* dem spielenden Menschen und dem *homo oeconomicus,* dem wirtschaftenden Menschen. Sie sehen die große Gefahr, dass der homo oeconomicus die Oberhand bekommt und das Spiel zum Konsumartikel wird, mit dem dann nur noch Geschäfte gemacht werden.

Das Spiel ist nach den Autoren durch drei Wesensmerkmale gekennzeichnet:

- Das Spiel ist immer Miteinander, immer Begegnung. Das kann ein echter Mitspieler sein, aber auch eine Spielfigur, ein Spielzeug oder die Begegnung von Darsteller – Zuschauer.
- Das Spiel ist Freiheit, denn das Spiel ist zweckfrei und öffnet daher Freiräume. Es folgt nur der inneren Spiellogik.
- Das Spiel ist Darstellung, denn der Spielende stellt sich im Spiel immer irgendwie dar (ebd., S. 123 ff.).

Die Autoren führen aus, dass Maler mit ihren Farben spielen, Musiker mit ihren Instrumenten, Dichter mit Worten, Tänzer mit Bewegungen, Bildhauer mit Holz und Stein etc. (ebd. S. 13).

Als wesentliche Merkmale des Spiels nennen Hüther und Quarch die Angstfreiheit und die Erfahrung von Freiheit und Verbundenheit. Im Spiel wird unser Angsterleben „heruntergefahren", gleichzeitig kommt es zu einer verstärkten Aktivierung der neuronalen Netzwerke, die gebraucht werden, um den Herausforderungen des jeweiligen Spiels zu begegnen. Dadurch kommt es zu neuen Verknüpfungen, der in diesen regionalen Netzwerken verankerten Wissensinhalte, was dann neue kreative Einfälle und Ideen möglich macht. Hinzu kommt, dass unser Belohnungszentrum im Gehirn aktiviert wird und wir das als Freude und Lust empfinden, so dass Spielen die Lebensfreude stärkt.

Das Spiel ist aber nur dann ein Spiel, wenn man sich innerhalb der Spielregeln frei fühlen kann, d. h., die Spielregeln, die das Spiel möglich machen, gründen auf gemeinsamem Konsens, jeder kann sich jederzeit mit Vorschlägen einbringen. Gleichzeitig wird die Verbundenheit mit anderen erlebt. „Diese beiden Erfahrungen – Freiheit und Autonomie einerseits und Verbundenheit und Gemeinschaft andererseits – sind neben der Angstfreiheit die entscheidenden Gründe dafür, weshalb wir Menschen so gerne spielen." (ebd., S. 22).

Die von Hüther und Quarch genannte Angstfreiheit soll hier etwas spezifiziert werden, denn Angst fasziniert auch und zu vielen Spielen gehört die Auseinandersetzung mit der Angst durchaus dazu. Wichtig ist, das Angsterleben als ein Kontinuum zu sehen, mit dem im Spiel *gespielt* werden kann. Bei Kindern können wir sehr gut sehen, wie fasziniert sie sind, wenn sie sich der Angst, z. B. im Rollenspiel, quasi in verschiedenen Abstufungen aussetzen, immer in dem Bewusstsein, das Spiel jederzeit stoppen zu können. Auch bei Erwachsenen ist dieses Spiel mit der Angst ein wichtiger Faktor (beim Paintballspiel genauso wie beim Filmeanschauen). Die Betonung liegt dabei auf *Spiel* mit der Angst, denn die Charakteristik des Spiels, jederzeit die Spielregeln ändern zu können, sorgt dafür, dass das Angsterleben nie als wirklich bedrohlich erfahren wird und damit die Angstfreiheit gewährleistet ist. In diesem Spielraum, in dem das Angsterleben ausgelotet werden kann, können auf diese Weise neue Selbsterfahrungen gesammelt werden.

Zu betonen ist auch, dass die Autoren mit den Merkmalen „Freiheit und Verbundenheit" einen Beziehungsraum beschreiben, der unabdingbar zum Spiel dazugehört. Ohne diesen Beziehungsraum gibt es kein Spiel.

Wir folgen dem Gedankengang, das Spiel begrifflich sehr weit zu fassen. Als Grundelement hat das Spiel jedoch immer gewisse Regeln, eine gewisse Form. Kinder sind sich dieser Regeln auf eine ganz natürliche Art und Weise bewusst.

Unter ‚spielerisch' verstehen wir dagegen, kreativ zu sein, Grenzen zu sprengen, mit einer Situation, einem Gegenstand ganz anders umzugehen: Alles ist möglich! Aus dieser spielerischen Haltung heraus kann etwas ganz Neues entstehen, sei es ein Spiel, ein Kunstwerk, eine Idee, eine Geschichte.

Das Spiel und spielerisch sind daher von der Begrifflichkeit her zu trennen, in der Handhabung, d. h. beim Spielen als gemeinsamer Oberbegriff, können sie ineinander übergehen. Für uns sind *beide* „die Türöffner" für die Faszination, die wir ja nicht aktiv herstellen können. Aber wir können

Bedingungen dafür schaffen, dass die Faszination uns packt. Und diese Bedingungen sind zum einen das Spielen, und zum anderen eine spielerische Haltung, die uns kreativ mit der jeweiligen Situation umgehen lässt. Im Spiel und spielerisch können wir dem Ernst des Lebens begegnen, dazu ein Beispiel, das darüber hinaus zeigt, wie Faszination auch anstecken kann:

Im Schachclub spielt Leopold W., ein älterer, erfahrener Spieler mit dem 10-jährigen Elias, der dem Club gerade erst beigetreten ist. Anfangs spielen sie gegeneinander, wobei Herr W. von vornherein ohne Dame und ohne Türme spielt. Elias verliert einmal und gewinnt einmal. Danach schlägt er dem älteren Mitspieler vor, die Figuren kreuz und quer auf das Spielfeld zu setzen, einfach so, ganz durcheinander. Dann wird losgespielt, einzige Regel, die Figuren werden so gezogen, wie es das Schachspiel vorsieht. Mit zunehmender Faszination wird gezogen und immer wieder gelacht, weil es so ein großes Durcheinander ist und alles so „verquer" ist. Im Laufe des Spiels löst sich das Chaos dann auf, es ist zu Ende, als einer von beiden keine Figuren mehr auf dem Spielfeld hat. Herr W. lässt sich von Elias Faszination anstecken und so wird dieses Spiel noch zweimal wiederholt.

Hier stand am Anfang die spielerische Haltung, die dann zu einem konkreten, neuen Spiel geführt hat. Wenn wir spielen, fühlen wir uns lebendig, wir erleben Verbundenheit, probieren uns aus und können so das in uns liegende Potenzial entfalten. Deshalb gibt es bei Kindern keinen Unterschied zwischen Lernen und Spielen. Bei jeder Spieltätigkeit lernen sie und erleben Verbundenheit – sei es mit dem Spielgegenstand (der Puppe, dem gebauten Turm oder der Spielfigur) oder sei es mit einem Mitspieler.

Hüther & Quarch betonen: „Wenn wir zu spielen aufhören, hören wir auf, das Leben in all seinen Möglichkeiten zu erkunden. Und damit verspielen wir die Potenziale, die in uns stecken. Wer dem Leben nicht spielerisch begegnet, den erstickt es mit seinem Ernst. Das Leben ist kein Spiel, aber wenn wir nicht mehr spielen können, dann können wir auch nicht mehr leben" (ebd., S. 17).

## 3.3 „Spielend leicht dem Ernst des Lebens begegnen – wie soll das denn gehen?" – über die Nachhaltigkeit des Spielens

„Spielen" ist also der *Königsweg* zu uns selbst, zu unseren Ressourcen, um den Herausforderungen und Widrigkeiten des Lebens erfolgreich zu begegnen, der *Königsweg* zu unserem Entwicklungspotenzial und es ist der

*Königsweg* des Lernens überhaupt. Aber Spielen kann auch süchtig oder einsam machen und Anteile in uns verkümmern lassen, die wir in anderen Bereichen des Lebens dringend benötigen. Wie bei einem Medikament gibt es zur Wirkung deshalb auch Risiken und Nebenwirkungen. Mit diesen wollen wir uns auseinandersetzen.

Wir unterscheiden in unserem Buch bewusst zwischen dem Spielen in der realen und der virtuellen Welt und möchten Wirkungen und Nebenwirkungen beider Spielewelten aufzeigen.

Speziell möchten wir Sie mit vielen Beispielen von „echten Spielerfahrungen" faszinieren, denn mit digitalen Spielanregungen werden Sie ja täglich über die Werbung und konsumorientierte Angebote „gefüttert".

Es geht uns darum, den „Zauber des Spielens" für unser *ganzes* Leben wieder zu entdecken und auch in der realen Lebenswelt (wieder) Faszination zu erleben.

> **Exkurs: Reale Spielewelt versus virtuelle Spielewelt**
>
> Folgen wir den obigen Beschreibungen, kann Spielen in beiden Welten stattfinden. Doch worin bestehen die Unterschiede zwischen den „echten" Spielerfahrungen und den Erfahrungen im digitalen Spiel?
>
> Einen Unterschied stellt die räumliche Wahrnehmung dar. Während ich mich im realen Spiel in der Dreidimensionalität mit meinem Körper als Teil meiner Umgebung wahrnehme, befinde ich mich im digitalen Spiel nicht real in dieser Welt, sondern es wird eine Spielsituation hergestellt (mit Grafik, mit 3D-Brille, VR-Brille), die mir in meiner Vorstellung nur *simuliert,* ein Teil des Spiels zu sein. Tatsächlich sitze ich vor dem PC und betätige in der Regel einen oder mehrere Finger einer Hand. Ich muss also keine *aktiven Raumorientierungen* vornehmen, z. B. oben – unten, groß – klein, eng – weit, lang – kurz, um mich an die spielerische Umgebung anzupassen.
>
> Auch Bewegungserfahrungen, wie z. B. Kraftdosierung, Schnelligkeit, Geschicklichkeit, werden nicht mit dem eigenen Körper geübt, sondern mit der Spielfigur der virtuellen Spielewelt, während ich weiterhin dasitze und die Computermaus bediene. Um diese Bewegungsabläufe entwickeln zu können, muss ich mich *tatsächlich* bewegen. Dies gilt naturgemäß in besonderem Maße für Kinder.
>
> Ein weiterer Unterschied liegt in der sinnlichen Erfassung der Spielsituation. Im digitalen Spiel kann keine sensorische Integration (siehe *Spielball Wissen 4.2*) der Sinneseindrücke entstehen, da das Auge etwas Anderes sieht (z. B. einen Apfel) als das, was die Hand fühlt (die Computermaus), die Nase den Apfel nicht wirklich riecht, sondern evtl. die Orange, die auf dem Schreibtisch liegt. Der Geschmack oder das Geräusch, wenn man in den Apfel beißt, kann digital nicht empfunden werden. Auf die Auswirkungen, die das auf die Gehirnentwicklung hat, werden wir im Abschnitt ‚Kleinkinder' näher eingehen.

> Ein bedeutender Unterschied zwischen realen und virtuellen Spielen liegt auch in der begrenzten bzw. unbegrenzten Verfügbarkeit der Beschäftigung. Es ist im realen Leben nicht möglich, eine Spiel- oder Sportart unendlich zu spielen, weil unsere geistigen und körperlichen Ressourcen irgendwann erschöpft sind. Ein Fußballspieler hat nur gewisse körperliche Kapazitäten, ebenso wie ein Backgammon-Spiel oder ein Spieletreffen zeitlich begrenzt sind. Das Spiel hat einen Anfang und ein Ende und kann nicht unbeschränkt weitergespielt werden. Dadurch erlebt der Spieler eine Begrenzung von außen, die Sicherheit und Struktur gibt, während das digitale Spiel in der Regel nur mit eigener Disziplin (oder mit Reglementierung von außen) beendet werden kann.
>
> Nur durch das echte Gegenüber kann man lernen, die Gefühle des anderen wahrzunehmen, aufzugreifen und zu erwidern. Diese emotionale Resonanz, die durch sog. Spiegelneuronen ermöglicht wird, ist von entscheidender Bedeutung für ein gelingendes soziales Miteinander (siehe *Spielball Wissen 8.2*).

## Fazit: Echte und virtuelle Spielewelten

Beide Spielewelten können Menschen faszinieren, in beiden finden wir die wesentlichen Merkmale des Spielens wieder (Abb. 3.2).

Räumliche, körperliche und sinnliche Wahrnehmungen, sowie die zeitliche Begrenzung können im realen Spiel synchron und echt erfahren werden, während dies in der virtuellen Welt nur in der eigenen Vorstellungskraft möglich ist. Das virtuelle Spiel kann von der umgebenden Situation völlig abgekoppelt werden, was in den realen Spielen nicht möglich ist.

In beiden Spielewelten können menschliche Fähigkeiten eingeübt werden. So wie z. B. im virtuellen Spiel zielgerichtete Aufmerksamkeit, Reaktionsfähigkeit und Ausdauer gefordert werden, können im realen Spiel u. a. echtes soziales Miteinander, in dem auch Mimik, Gestik und das, was ich in dem Moment der Begegnung vom anderen wahrnehme, zum Tragen kommen. Entscheidend ist, gut darauf zu achten, dass man verschiedenste Spielformen auswählt, um die Fähigkeiten einüben und entwickeln zu können, die das eigene Potenzial ausschöpfen.

In beiden Spielewelten sollte es klare Strukturen von Zeit (Anfang und Ende) und Inhalt (Vielfalt an Anforderungen) geben.

**Abb. 3.2** Aus: ‚Laut Wikipedia bin ich nicht internetsüchtig!' (Mit freundlicher Genehmigung © Lappan Verlag Oldenburg, 2015)

> **Dazu eine kleine Übung**
>
> Stellen Sie sich vor, dass Sie ein kleines Samtsäckchen mit verschiedenen Murmeln in der Hand halten. Wie fühlt sich das Material des Stoffes an? Nehmen Sie eine Murmel nach der anderen aus dem Säckchen und befühlen Sie jede Murmel in ihrer Größe, ihrem Gewicht, betrachten Sie die unterschiedlichen Farben und Musterungen. Sind die Murmeln eher kalt oder warm? Lassen Sie sich Zeit, die einzelnen Murmeln in ihrer Hand genau anzuschauen, lassen Sie dann mehrere Murmeln miteinander in Ihrer Hand hin und her rollen. Hören Sie den Klang, wenn die Murmeln aneinander klacken? Spüren Sie einen Impuls, eine Murmel wegrollen zu lassen? In welche Richtung? Und die nächste? Möchten Sie vielleicht ausprobieren, ob sich zwei Murmeln treffen könnten? Hören Sie den Klang, wenn das tatsächlich geschieht? Lassen Sie sich in Gedanken ruhig noch einige Minuten auf dieses einfache Murmelspiel ein, und freuen Sie sich an ihren erfolgreichen Treffern.
>
> Überlegen Sie sich nun, wie Sie dieses kleine Murmelspiel auf den digitalen Bildschirm projizieren. Was erleben Sie jetzt? Was kommt Neues hinzu, was fehlt? Können Sie die Unterschiede der beiden Spielszenarien auch sinnlich nachempfinden?

Vergleichen Sie mehrere Spiele miteinander, z. B. echtes Fußballspielen versus FIFA-Fußballspiel auf der PlayStation, Tennisspielen versus Tennis auf der Wii U Spielekonsole, echtes Pokerspiel versus Online-Pokern, und sehen Sie, was genau in Ihnen Faszination auslöst und worin für Sie die Unterschiede liegen.

Es wird die spannende Herausforderung von Spielpädagogen, Medienwissenschaftlern und Spieleentwicklern in Zukunft sein, so wie in fast allen Lebensbereichen auch, auf eine ausgewogene Mischung an Spielangeboten zu achten und beide Spielewelten miteinander zu verknüpfen. Einige Beispiele möchten wir Ihnen in den nächsten Kapiteln zeigen.

## Die Wirkung des Spielens

Wir haben gehört, welche Wesensmerkmale man dem Spiel zuordnen kann. Im Folgenden möchten wir auf zwei Fragen näher eingehen, um die Wirkung des Spiels und des spielerischen Handelns noch konkreter zu beschreiben: *Warum* spielen wir und *was passiert* eigentlich beim Spielen?

### Frage: Warum spielen wir und warum gerade *dieses* Spiel?

Jede selbstgewählte Handlung des Menschen, also auch das Spielen geschieht aus einem inneren Impuls heraus, der seinen Ausgangspunkt bei unseren Bedürfnissen hat, noch lange bevor unser Denken einen bewussten Vorgang wahrnimmt. Über diese Prozesse fand in den letzten Jahren eine für uns sehr erfreuliche Synergie von psychologischen und neurowissenschaftlichen Erkenntnissen statt.

Der Mensch sehnt sich unbewusst nach der Befriedigung dieser Bedürfnisse und tut alles dafür, seine innere Balance aufrecht zu erhalten. Sie vermittelt ihm ein spürbares Gefühl von Lebendigkeit und Ausgeglichenheit. Dies scheint ein angeborener Antrieb zu sein, den Friedrich Fröbel, Begründer des Kindergartens, schon vor 250 Jahren als Lebens- und Spieltrieb bezeichnete (Schmutzler 1991). Denken Sie nur an die Schaukelbewegungen, die das Kind schon im Mutterleib erfahren hat und die es immer wieder aufsucht und liebt.

Doch bis es tatsächlich zur Ausführung einer Handlung kommt, muss der „Wunsch" nach Bedürfnisbefriedigung noch vorbei an unseren Ängsten („ich bin so unsicher, ob das gelingt, fühle mich hilflos, wie ich das machen soll") und an unseren Gefühlen („freue ich mich wirklich darauf?"). Auch dies sind überwiegend noch unbewusste Vorgänge, die jedoch schon einen gewissen Weg einschlagen und die einen fragen lassen, ob man die Handlung ausführt oder doch lieber bleiben lässt. Jetzt erst kommen unser Denken und unsere Wahrnehmung hinzu, d. h. wir denken über die konkrete Handlung nach. Gerald Hüther beschreibt diesen Status mit dem Begriff „psychischer Nebel" (Ballreich und Hüther 2009). Das bedeutet, wir tun etwas, was uns möglicherweise gut getan hätte vielleicht gar nicht, weil wir es uns gedanklich nicht erlauben, oder weil wir Angst davor haben. Oder wir tun etwas völlig anderes, nur um unsere Sicherheit aufrecht zu erhalten und finden so aber nicht zu innerem Wachstum usw..

> **Spielball Wissen 3.1 – Hierarchie der Bedürfnisse (nach A.H. Maslow)**
> Bedürfnisse werden als grundlegende Motivation für das Handeln und Verhalten des Menschen angesehen. Alle Menschen haben weitgehend die gleichen Bedürfnisse. Der US-amerikanische Psychologe Abraham H. Maslow (1908–1970) entwickelte die sog. **Bedürfnispyramide.** Die Anordnung der Pyramidenform verdeutlicht, dass zuerst die Bedürfnisse der unteren Stufen der Pyramide erfüllt sein müssen, damit die höheren Stufen ins Bewusstsein rücken können. Neben den Grundbedürfnissen wie z. B. Wasser, Nahrung, Schlaf, zählen unsere Sicherheitsbedürfnisse, unsere sozialen und Ich-Bedürfnisse zu den unteren Stufen; Sinnfindung, Wissen und Selbstverwirklichung zu den höchsten Stufen der Bedürfnisbefriedigung. (Maslow, A.H., (1981)

Um diesen Prozess „Handlungsimpuls" deutlicher zu verstehen, möchten wir Ihnen nun einige Fragen stellen, womit Sie Ihre selbstgewählten Tätigkeiten neu hinterfragen können. Nehmen Sie sich irgendein Beispiel vor, das Sie für sich als selbstbestimmt definieren, das muss kein Spiel sein, kann Kuchen backen, ein Marathonlauf, ein Buch schreiben oder Fernsehschauen sein.

- **Frage 1:** Ist diese Tätigkeit, diese Handlung tatsächlich selbstbestimmt? Im Sinne von *selbst* (…es passt zu mir) und *bestimmt?* Also, Sie haben sich *bewusst* vorgenommen, z. B. mal wieder einen Kuchen zu backen? Wenn Sie diese Frage mit nein beantworten, müssen Sie ein anderes Beispiel suchen.

- **Frage 2:** Forschen Sie nun nach, welches Bedürfnis dieser Tätigkeit zugrunde liegt, also z. B.: ich möchte endlich wissen, wie man Apfelstrudel backt (Ich-Wachstums-Bedürfnisse), oder es freut mich so, wenn ich meine Familie mit einem Apfelstrudel beglücken kann (soziale Bedürfnisse) oder doch die Sicherheitsbedürfnisse (ich backe immer freitags einen Kuchen, weil ich weiß, dass die Schwiegermutter zu Besuch kommt und ich bei ihr gut dastehen will). Wenn Sie hier eine Antwort gefunden haben, dann haben Sie bereits eine gute Ahnung von Ihrer inneren Lebendigkeit und spüren, was Ihnen guttut und was nicht.
- **Frage 3:** Was haben Sie zu befürchten, wenn Sie das jetzt tun? (z. B. der Kuchen könnte misslingen, die Küche schaut chaotisch aus, der freie Nachmittag ist futsch usw.) Hier ist der springende Punkt, (den wir später zum Thema ‚Lernen' näher erläutern möchten), wie Sie sich motivieren können, worin Sie sich besonders anstrengen werden und wie Sie sich auf die Aufgabe konzentrieren können, aber auch wie Sie sich auf den erhofften Erfolg freuen werden.
- **Frage 4:** Warum haben Sie die Handlung trotzdem durchgeführt, also den Kuchen trotzdem gebacken? (weil es mir wichtig war, weil ich einfach Lust dazu hatte, weil ich mich auf das fertige Resultat, den guten Apfelstrudel so freute, usw.) Hier ist es bedeutsam, dass Sie für sich ein Prinzip der Stimmigkeit erkennen, d. h. sie tun und handeln so, dass es sich für *Sie* richtig anfühlt).
- **Frage 5:** Welcher Zustand stellt sich nach der Beendigung des Tuns nun bei Ihnen ein? (Stolz und Zufriedenheit auf Ihr Werk, weiterführende Ideen, z. B. ein Rezeptbuch anlegen, mit der Schwiegermutter reden, positive Erschöpfung…) Wenn Sie bei dieser Frage feststellen, dass sich keine anhaltende Stimmung einstellt, dann wählen Sie bitte gedanklich eine andere Beschäftigung aus, die Ihr Dasein mehr mit Leben erfüllt.

Sollten Sie jedoch nun eine kleine Ahnung davon bekommen haben, wie sich eine kleine energetische Welle (die Faszination) im menschlichen Körper ausbreitet (und Sie den dampfenden Apfelstrudel „riechen" können), dann haben Sie den *Zauber des Spiels* entdeckt, dieses Gefühl, mit sich im Reinen zu sein, das Leben fließen zu lassen und sich einer Aufgabe zu stellen, die zwar Energie kostet, aber auch viel Energie zurückgibt. Die obige Übung ist wie ein gedankliches Perpetuum mobile, d. h. Sie können diese Fragen jederzeit und bei jeder Ihrer Handlung durchspielen.

Hier noch die Anekdote des Mannes, der gefragt wird, warum er so glücklich ist und er antwortet:

„Ich habe viel Arbeit, eine große Familie, viele Pflichten im Haus und Garten und kaum Freizeit. Aber, fragt der Interviewer, genau das haben Sie doch vor einem Jahr geantwortet, als ich Sie fragte, warum Sie so unglücklich sind: viel Arbeit, eine große Familie, viele Pflichten im Haus und Garten und kaum Freizeit. Was ist passiert? Ich habe eben gefunden, was mir wichtig ist, das ist alles."

(Autor unbekannt)

### Erwünschte und unerwünschte Nebenwirkungen

Wahrscheinlich tun sich nun, nachdem Sie von der Wirkung des „spielerischen Tuns" erfahren haben, auch gleich erwünschte, aber auch unerwünschte Nebenwirkungen auf. Sie haben vielleicht kaum selbstgewählte Tätigkeiten in Ihrem Leben gefunden, fühlen sich fremdbestimmt und funktionieren nur noch. Dann können Sie auf die Suche gehen, können zweifeln, können Neues ausprobieren, können etwas einfach auch *nicht* mehr tun. All dies sind jetzt *selbstgewählte* Handlungen mit offenem Ausgang, und es bewegt Sie (und andere), es macht Sie und die Menschen um Sie herum lebendig. Vielleicht spüren Sie aber auch die unerwünschte Nebenwirkung, dass sich die Wirkung Ihrer Beschäftigungen verändert hat, dass Sie abhängig geworden sind (Sucht, Krankheit) oder dass Sie wichtige Bedürfnisse zu einem hohen Preis aufgegeben haben (Bedürfnis nach Anerkennung, Bedürfnis nach Unabhängigkeit und Freiheit) oder gar nicht mehr spüren (Bedürfnis nach Sicherheit, Entspannung, Geborgenheit). Obwohl wir Ihnen das keinesfalls wünschen, ist dies doch der Anfang dafür, dass Sie die Wirkung des Handelns den Nebenwirkungen gegenüberstellen und (wie der Arzt bei der Medikamentenumstellung) etwas verändern werden.

### Frage: Was passiert während des Spiels, was verändert sich bei mir nach dem Spiel?

Wie wir nun wissen, können wir Lebensenergie dann auftanken, speichern und wiedergeben, wenn unsere Bedürfnisse abgedeckt sind, wir uns angstfrei und sicher bewegen können und unsere emotionalen Empfindungen mit unserem Denken und Handeln in Einklang gekommen sind.

Genau das passiert, während wir spielen und das ist das Faszinierende – es passiert ohne Anstrengung, wie von selbst. Es ist nachhaltig, kann also anschließend als Erfahrung gespeichert und wieder abgerufen werden. Es entsteht so eine innere Infrastruktur an neuronalen Verbindungen, die, wenn wir aus dem gesamten Spiele-Repertoire schöpfen, ein Leben lang weiter ausgebaut werden kann. Dies passiert nicht, wenn wir uns nur einseitig mit immer gleichen Spieleinhalten beschäftigen (Abb. 3.3).

Kinder sind noch sehr unmittelbar und intensiv mit all ihren Gefühlen verbunden – mit Freude und Traurigkeit, Liebe und Hass, Glück und Schmerz – sie können diese widersprüchlichen Gefühle noch als zu sich gehörig empfinden. Aus der Integration dieser – noch nicht infrage gestellten – Widersprüchlichkeiten entsteht bei Kindern eine gesunde Selbstliebe. Wilhelm Schmid hat deshalb in einem Artikel über die Kindheit die Überschrift: ‚Ich hab' mich selbst so lieb' gewählt.

Im Moment der Faszination sind Kinder unmittelbar achtsam mit sich und der Umwelt, sie sind im spielerischen Fluss (Flow) und tauchen in den Augenblick ein (Trance). Sie sorgen sich in positiver Weise um sich, ohne dass wir dies als egoistisch bezeichnen würden (Schmid 2003).

All diese Gefühle, sich liebevoll anzunehmen und als zu sich gehörig zu erleben und sich selbst wohlwollend und wertschätzend zu begegnen, müssen viele Erwachsene wieder lernen. Wie bereits bei der Achtsamkeit erwähnt, haben Erwachsene häufig eine negativ kommentierende, bewertende Stimme, auch ‚innerer Kritiker' genannt, wie zum Beispiel:

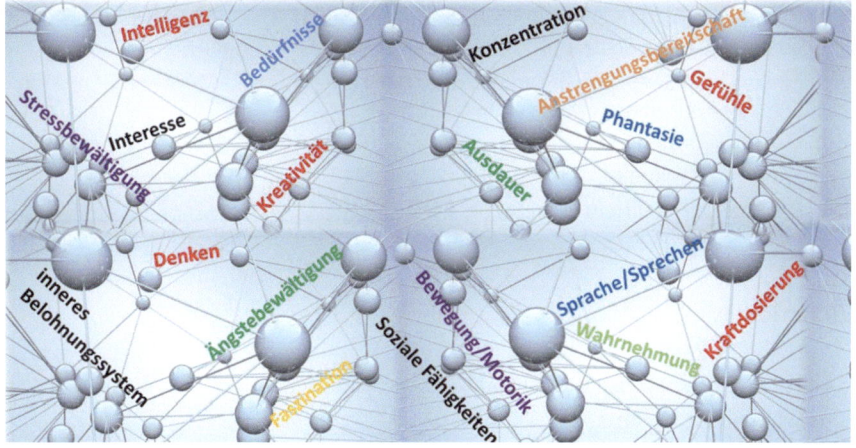

**Abb. 3.3** Alle Fähigkeiten verbinden sich im Spiel (© Lindner)

das war jetzt peinlich, dumm, nicht geschickt etc. Um sich auf das Spielerische einlassen zu können, brauchen sie erst die innere Erlaubnis, die Selbstfürsorge, dass Faszination, Träume und Sehnsüchte bereichernde Anteile in ihrem Leben sind.

Walt Elias Disney, der uns allen bekannte Zeichentrickfilmer aus Hollywood, schuf in seiner Firma eigens drei Räume, in denen er und seine Mitarbeiter einen kreativen Prozess der Ideenfindung vollzogen: den Raum des Träumers, des Realisten und des Kritikers. Er kreierte damit die sog. Walt-Disney-Methode, die heute in vielen Firmen oder Seminaren für Innovationen angewendet wird. Aber auch jeder Einzelne kann in einem inneren Dialog die vertrauten Stimmen des Realisten und Kritikers einmal in den Hintergrund schieben und sein inneres, spielendes Kind mit „Alles ist möglich" wachrufen und damit die *Faszination im Spiel* wiederentdecken.

Wie wir in den nächsten Kapiteln der Lebensabschnitte zeigen werden, kann der Mensch in verschiedensten Spielformen ein Leben lang neue Verknüpfungen herstellen und sein Netzwerk von Wissen, Kreativität und Lernen spielerisch und nachhaltig weiterentwickeln.

**Auf den Punkt gebracht**

- Spielen ist ein wichtiges Element unserer menschlichen Kultur; im freien Spielen entwickeln sich unter anderem Kreativität, Schönheit und das in den Menschen angelegte Potenzial sozialer Fähigkeiten.
- Spielen ist immer ein Miteinander und eine Begegnung zwischen Mensch/Mensch, Mensch/Material und Mensch/Darstellung.
- Wir unterscheiden echte/reale und digitale Spiele, beide haben Wirkungen, aber auch erwünschte und unerwünschte Nebenwirkungen.
- Im Spiel werden Fähigkeiten miteinander vernetzt und zwar ohne Bemühen und Anstrengung, es passiert von selbst.
- Der Mensch braucht das Spiel, um seine Bedürfnisse zu befriedigen und mit seinen Gedanken und Gefühlen abzugleichen.
- Der Mensch spielt ein Leben lang.

**Bücherkiste**

- GEO Magazin: Ausgabe 11/2018: Das spielerische Leben. Warum spielen so wichtig ist für uns.
- Hüther, Gerald (2016): Mit Freude lernen – ein Leben lang. Weshalb wir ein neues Verständnis vom Lernen brauchen. Stuttgart: Vandenhoeck & Ruprecht.

- Neff, Kristin (2012): Selbstmitgefühl: Wie wir uns mit unseren Schwächen versöhnen und uns selbst der beste Freund werden. München: Kailash.
- Schmid, Wilhelm (2018): Selbstfreundschaft. Wie das Leben leichter wird. Berlin: Insel.
- Tischinger, Michael (2017): Selbstliebe. Weg der inneren Heilung. Freiburg: Herder.
- Weißmann, Eva (2016): Lernen im Gleichgewicht. Wie Bewegung die emotionale und kognitive Entwicklung fördert. Frankfurt: Branders und Apsel.
- Winnicott, Donald (1989): Vom Spiel zur Kreativität. 13. Auflage 2012. Stuttgart: Klett-Cotta Verlag.

## Literatur

Ballreich R, Hüther G (2009) Du gehst mir auf die Nerven. (DVD)
Belwe A (2007) Spielerisch leben. In: Das Inspirationsbuch 2008. Leichter sein. Herder, Freiburg
Hüther G, Christoph Q (2016) Rettet das Spiel! Weil Leben mehr als Funktionieren ist. Hansa, München
Huizinga J (2001) Homo ludens, 18. Aufl. Rowohlt, Reinbek
Maslow AH (1981) Motivation und Persönlichkeit, 15. Aufl. Rowohlt, Hamburg
Schmid W (2003) ‚Ich hab mich selbst so lieb…..' Psychologie heute. Heft 5. Beltz, Weinheim
Schmid W (2004) Mit sich selbst befreundet sein. Suhrkamp, Frankfurt a. M.
Schmutzler H-J (1991) Fröbel und Montessori. Zwei geniale Erzieher – Was sie unterscheidet, was sie verbindet. Herder, Freiburg

# 4

# Frühe Kindheit und Spiel

## 4.1 „Wie spielen Kinder?" – der Grundstein fürs Leben

> „Kinder sollten mehr spielen, als viele es heutzutage tun.
> Denn wenn man genügend spielt, solange man klein ist –
> dann trägt man Schätze mit sich herum, aus denen man
> später ein Leben lang schöpfen kann.
> Dann weiß man, was es heißt, in sich eine warme Welt zu haben,
> die einem Kraft gibt, wenn das Leben schwer wird".
> (Astrid Lindgren)

Um es vorweg zu nehmen: Kinder können nicht *„nicht spielen"*. Dies ist eine der magischen Erfahrungen, die uns dazu bewegt hat, die Faszination im Spiel als Chance fürs Leben zu begreifen. Zusammen mit den einleitenden theoretischen Aspekten ergibt sich für uns die logische Erkenntnis, dass das Spiel über die Kindheit und Jugend hinaus in das gesamte Leben gehört, beginnend beim Säugling bis zum Senior. So wie sich ein Leben entwickelt, entwickelt sich auch das Spiel und fügt sich ganz selbstverständlich in jede Lebensphase ein (Abb. 4.1).

**Abb. 4.1** Im Spiel Freundschaft empfinden (© Lindner)

## Kinder erfassen „spielerisch" die Welt

Alle Dinge, die Kinder vom ersten Tag ihres Lebens mit ihren Sinnen erfassen, werden innerlich „gescannt", gespeichert und geordnet. Aus dem Greifen wird ein Be-greifen, aus einzelnen Blicken der Über-blick, aus dem Probieren ein Können usw. Aus dem spielerischen Entdecken, das wir bei Kindern beobachten können – und das sich auch bei vielen Tierkindern wieder findet – entstehen nach und nach differenziertere Spiele, die die Fähigkeiten des Kindes und seine Persönlichkeit in jedem Alter ausreifen lassen. Wir sprechen hier von der Qualität des *„freien Spiels"*, also der Vielfalt an Spielen, in denen das Kind sich selbst und seine Lebenswelt verstehen und einordnen lernt, ohne dass es eine Reglementierung von außen erfahren muss. Für den erwachsenen Beobachter ergeben sich nebenbei wichtige Botschaften darüber, wie das Kind seine Welt wahrnimmt, und er versteht, wo es in seiner Entwicklung gerade steht.

Mit jeder spielerischen Tätigkeit verfolgt das Kind eine natürliche innere Absicht, z. B. sich zu erproben, zu üben, sich zu entspannen oder sich herauszufordern. In diesem selbstbestimmten Prozess setzen sich Kinder ständig mit sich und ihrer Umwelt auseinander. Sehr deutlich ist das z. B. beim „Vater-Mutter-Kind Spiel", „Räuber und Polizist- Spiel" oder beim „Schule Spielen" zu beobachten. Es findet also wie von selbst *Identitätsentwicklung* statt, und gleichzeitig kann das Kind verändernd auf seine Umwelt einwirken, indem es sich durch sein Spiel mitteilt.

So beschreibt Hans Mogel, der die Psychologie des kindlichen Spiels analysiert hat, das Spielen als die zentrale Tätigkeitsform des kindlichen Lebens. „Keine andere Verhaltensweise zieht so viel kindliche Aufmerksamkeit in ihren Bann, und nirgendwo strengen sich Kinder mehr und ausdauernder an, um ein eigenes Ziel zu erreichen, als das beim freien Spiel der Fall ist." (Mogel 1994, S. 10).

Die kanadische Psychiaterin und Psychotherapeutin Shimi Kang (2016) setzt deshalb auch Spielentzug mit Schlafentzug gleich. Beides ist auch für Erwachsene schädlich, aber es kann eine Zeit lang toleriert werden, weil das Gehirn größtenteils schon ausgereift ist. Für Kinder und Jugendliche kann Schlaf- und Spielentzug in der Phase der schnellsten Gehirnentwicklung verheerend sein. Die Pädagogin und Kindertherapeutin Gabriele Pohl, die in ihrem Buch ‚Kindheit aufs Spiel gesetzt' die Bedeutung und absolute Notwendigkeit des Spiels in der Kindheit sehr eindrücklich und umfassend beschreibt, bringt es noch pointierter zur Sprache. Ausgehend von der zunehmenden Anzahl der Kinder, die unter einer Aufmerksamkeitsstörung leiden, unter Hyperaktivität und mangelnder Impulskontrolle, schreibt sie, „dass die Kinder vielmehr unter einem Naturdefizitsyndrom, unter einem Sozialdefizitsyndrom und unter einem Spieldefizitsyndrom leiden, anstatt unter dem bei nahezu jeder sogenannten Auffälligkeit bemühten ADHS (Aufmerksamkeitsdefizit-/Hyperaktivitätsstörung)" (Pohl 2014, S. 32) (Abb. 4.2).

In diesem Sinne vertritt auch der amerikanische Spielwissenschaftler Stuart Brown die These, dass Spieldefizit ein möglicher Auslöser für Aggressionen ist. Untersuchungen an mehreren tausend Strafgefangenen bestätigten dies. Brown erklärt dies damit, dass wer nicht spielt, auch nicht lernt, mit den eigenen Gefühlen – und eben auch aggressiven Impulsen – umzugehen. Derjenige lernt weder seine eigenen Grenzen kennen, noch die der anderen (Brown und Vaughan 2010).

**Abb. 4.2** Aus: ‚Ich bin süß, aber ich möchte auch als Bär akzeptiert werden!' (Mit freundlicher Genehmigung © Lappan Verlag Oldenburg, 2017)

---

**Exkurs: Unterschied Mädchen – Jungen**

Unterschiede im Verhalten von Mädchen und Jungen lassen sich bereits am ersten Tag nach der Geburt beobachten. Grundsätzlich gilt: Alle Kinder spielen mit allem. Und doch werden Jungen und Mädchen von klein an von verschiedenen Spielmaterialien und Spielformen fasziniert und angezogen. Dachte man noch vor 20 Jahren, männliche und weibliche Eigenschaften seien ausschließlich „anerzogen", weiß man heute, dass es sehr wohl geschlechtliche Unterschiede in der strukturellen Gehirnentwicklung gibt, die sich dann auch unterschiedlich auf die Sozialisation von Jungen und Mädchen auswirken (s. unten, *Spielball Wissen 4.1 ‚Junge oder Mädchen'*).

---

**Spielball Wissen 4.1 – Junge oder Mädchen?**

„In der Forschung deutet alles auf eine frühe Programmierung unserer sexuellen Orientierung im Gehirn hin, die schon während unserer Entwicklung in der Gebärmutter stattfindet und für den Rest unseres Lebens bestehen bleibt," so der Hirnforscher Dick Swaab (2010, S. 98). Dies betrifft auch die Homosexualität. Das Y-Chromosom des Jungen (Mädchen haben zwei X -Chromosomen, Jungen ein X und ein Y- Chromosom) löst die Produktion von Testosteron aus, das führt dann zur Entwicklung der männlichen Geschlechtsorgane in der 6.–12. Schwangerschafts-(SS-)Woche. In der zweiten SS-Hälfte differenziert sich

> dann das Gehirn in eine männliche oder weibliche Richtung. Weiterhin ist zu beachten, dass Entwicklungsstörungen der sex. Differenzierung oder Intersexualität nicht selten sind. Ursächlich hierfür werden z. B. Giftstoffe aus der Umwelt genannt.
> Swaab, Dick (2010, S. 67)

Kleine Jungs sind eher fasziniert von Erde, Sand, Wasser, Steinen, Stöcken, Bausteinen, Fahrzeugen. Rangeln (Suchen nach einer Rangordnung), Toben und Kämpfen lösen in Jungen beim Zuschauen oder Mitmachen große Faszination aus (Wrestling, Boxen).

Kleine Mädchen sind eher fasziniert von Farben, Puppen, Stoffen, Perlen, Kleidung, Tieren und Figuren. Sie können sich von Geschichten begeistern lassen und im Spiel ganz in ihnen abtauchen.

Aber auch hier gilt: Ausnahmen bestätigen die Regeln, kindliche Faszination kennt keine Grenzen!

Hier nun zwei Beispiele aus dem täglichen Freispiel des Kinderhorts Wunderland, die das unterschiedliche Spiel von Jungen und Mädchen beschreiben:

---

Der 8-jährige Daniel und seine gleichaltrigen Freunde Tim, Max, Martin, David und Thomas stromern schon seit einiger Zeit im Garten herum. „Spielen wir wieder Star Wars wie gestern? Heut will ich aber mal der Anakin Skywalker sein!" eröffnet Daniel das Spiel. „Dann bin ich aber heute Darth Sidious!" erwidert Max, „Martin und David, seid ihr meine Klonsoldaten?" Als die beiden keine Einwände erheben, ist bald klar, dass die beiden anderen, Thomas und Tim, dem Anakin als Jedi-Ritter zur Seite stehen. Die 9-jährige Greta beobachtet die Jungs und fragt: „Darf ich bei euch mitspielen?" und Tim: „Na klar, dann bist du Anakins Frau Padmé!"

Martha, Susan, Fine, Annika (alle 8 Jahre alt) und Annikas 2 Jahre jüngerer Bruder Simon sitzen schon seit geraumer Zeit in der Bastelecke und schneiden in Seelenruhe Geldscheine aus. Als sie eine gehörige Menge „Geld" beieinanderhaben, hat Martha die Spielidee: „Das könnte doch unser Schatz sein!" und Fine ergänzt: „Wir könnten doch auf einem Schloss wohnen!" Daraufhin schaltet sich Susan ein: „Aber der Simon soll diesmal nicht mitspielen!", worauf Annika klar Stellung bezieht: „Wenn du ihn nicht mitspielen lässt, bin ich nicht mehr deine Freundin!" Das ist eindeutig. „Dann lassen wir ihn halt mitspielen", schlichtet Martha, und das Spiel kann beginnen

---

Die weitere Inszenierung ist einfach und spannend zugleich und muss nicht weiter abgesprochen werden. Die „dunkle Seite der Macht" auf der einen Seite, die „Retter und Bewahrer des Friedens" auf der anderen Seite. Es kommt zum Kampf, zum Rückzug, zum Aushandeln von Friedensverträgen („Ihr müsst uns unsere Trinkflaschen und Pausenboxen holen, es gibt 10 min Pause!", und das Ganze beginnt von vorne, wahrscheinlich dieses Mal mit anderem Ausgang. Das Faszinierende an diesem Spiel ist, dass es niemals gröbere Verletzungen, unendliche Folgen und eigentlich nur Gewinner gibt!

Nach der Rollenverteilung geht es zuerst um das Bereitstellen der Waffen („Lichtschwerter" aus Holzstecken, die am Vortag in der Hecke des Gartens versteckt wurden), der notdürftigen aber eindrucksvollen Verkleidung; und die Kinder verteilen sich in ihre zwei Lager in den Büschen des Weidenlabyrinths

Das Schloss wird in der oberen Ebene des Sandspielhauses gestaltet: Ohne sich viel abzusprechen, tragen die Kinder unermüdlich Tücher, Bänder und verschiedene Körbchen mit Perlen und Muggelsteinen in das Haus. Sie bemalen ein großes Plakat als das Schlosstor und beschließen, dass Simon das Tor bewachen muss, der sich auch gutmütig darauf einlässt. Nun geht es an die Verkleidung, jedes Mädchen ist intensiv damit beschäftigt, die passenden Stoffe, Kleider und Kronen aus der Verkleidungsecke zu holen und sich in eine Rolle „hineinzukleiden". „Ich bin die Königin, und ihr seid meine Töchter, die Prinzessinnen", schlägt Susan vor, die den prächtigsten Umhang und die größte Krone ergattert hat. „Dann bin aber ich die gute Prinzessin, die zaubern kann", schreibt sich Martha ihre Rolle ins Drehbuch. Fine will keine Tochter von der Königin sein und so fragt sie Annika, ob sie nicht zwei Waisengeschwister sein wollen, die sich im Schloss vor der Macht des Bösen verstecken

Schnell gewinnt das Spiel an Fahrt und ebenso spannend wie phantasievoll muss verhandelt, verteidigt, gezaubert und Frieden geschlossen werden. Und wer kann schon von sich behaupten, so schnell mal Brotzeit in einem „richtigen" Schloss zu machen?

> **Auf den Punkt gebracht**
> - Das freie, selbstbestimmte Spiel ist die zentrale Tätigkeitsform des kindlichen Lebens.
> - Kinder haben im Spiel einen Zugang zu ihrem bild- und symbolhaften szenischen Gedächtnis und können damit Informationen in nicht-verbaler Weise verarbeiten.
> - Im Spiel setzen sich Kinder ständig mit sich und ihrer Umwelt auseinander, so findet Persönlichkeitsentwicklung statt.
> - Im freien Spiel lernt das Kind sein ganz eigenes Potenzial im Fühlen, Denken und Handeln kennen.

- Jungen und Mädchen werden von unterschiedlichen Materialien und Dingen fasziniert, sie haben unterschiedliche Spielbedürfnisse und üben im Spiel geschlechtsspezifische Fähigkeiten ein.
- Bauen, Rangeln, Kämpfen und Toben finden sich öfter in der Entwicklung von Jungen, wogegen Sammeln, Pflegen, Gestalten und Organisieren eher Leidenschaften von Mädchen sind.
- Aufgrund verschiedener Lebensformen und durch die Individualität des Kindes entstehen fließende Übergänge und erlauben in einer offenen Gesellschaft auch das gesunde „Anderssein" des Kindes (Ronja, die Räubertochter...)

**Ja, aber – „Muss ich darum fürchten, dass die Tobe- und Kampfspiele ausarten und sich jemand verletzt? Kann es sein, dass mein Sohn später gewalttätig wird, wenn er immer nur mit Waffen spielt?"**

Hier sei angemerkt, dass Kinder in ihrem Spielverhalten stets in einer „Als ob"-Haltung agieren. Das bedeutet, dass sie nur so *tun*, „als ob" etwas geschieht, „als ob" sie diese Person sind oder „als ob" sie diese Handlung vollziehen könnten. Sie möchten sich und andere nie ernsthaft verletzen, und so kann Spielen als großer „Erkundungsraum" der eigenen Fähigkeiten und Stärken verstanden werden. Es ist daher für eine gesunde Entwicklung wichtig, dass wir diesen Spielraum nicht von vorneherein mit Tabus und Bewertungen belegen, sondern sich das Kind in allen Bedürfnissen respektiert und angenommen fühlen kann.

So wenig ein Kind sich beim Kaufmannsladen-Spiel auf den Beruf eines Verkäufers vorbereitet, so wenig bereitet es sich beim „Kriegsspiel" auf ein Leben als Krieger vor; es setzt sich jedoch damit auseinander.[1]

## 4.2 „Kuschel sucht Nest" – wie Säuglinge sich spielend durch den anderen entdecken

„Mit jedem Kind werden alle Dinge neu geschaffen,
und das Weltall wird wieder auf die Probe gestellt".
(Gilbert Chesterton)

Wenden wir uns nun dem Lebenslauf des Menschen zu und betrachten die *Faszination im Spiel* in den einzelnen Entwicklungsstufen (Abb. 4.3).

---

[1] Kinderschutz aktuell 4/1990.

**Abb. 4.3** Aufgehoben sein (© Weinberger)

Babys kommen mit einer hohen Kompetenz auf die Welt, Kontakt und Beziehung zu einer Bezugsperson aufzunehmen, da nur dies das Überleben sichert. Auf sich allein gestellt kann der menschliche Säugling nicht überleben. Die moderne Säuglingsforschung hat gezeigt, wie aufmerksam, wach und interessiert Kinder schon in den ersten Stunden nach der Geburt sind und dass dabei das menschliche Gesicht in seinen verschiedenen Ausdrucksformen einen besonderen Stellenwert einnimmt. Babys sind fasziniert von Gesichtern. 45 h alte Säuglinge können bereits fröhliche, traurige und überraschte Gesichtsausdrücke von Erwachsenen nachahmen (Dornes 2011). Auch das erste willentliche Lächeln, das im Alter von 4- 6 Wochen erscheint, erfolgt als Antwort auf ein Gesicht. Dies bezieht sich auch auf gemalte Gesichter und Smileys. Alles, was die Form eines Gesichts hat, ist besonders faszinierend und kann ein Lächeln auslösen (Largo 2013). Mit 3 Monaten kann das Baby acht Personen anhand ihres unterschiedlichen mimischen Ausdrucks unterscheiden.

Ebenso reagiert der Säugling stark auf Laute, weshalb Eltern intuitiv mit einer Sprache (der sog. Ammensprache) sprechen, die im Durchschnitt 3 Halbtöne höher ist als die normale Sprechweise.[2]

Säuglinge zeigen auch an, wann sie fasziniert sind und wann nicht mehr. So wurde Säuglingen in Untersuchungen ein Film gezeigt, der bei ihnen ein intensives Saugen am Schnuller auslöste. Nach einiger Zeit lässt die Faszination nach, erkennbar an der verminderten Saugaktivität. Dass dies nicht einfach eine Ermüdungserscheinung ist, konnte man in der Untersuchung daran erkennen, dass der Säugling sofort wieder mit einer intensiven Saugaktivität begann, als ihm ein neuer Film gezeigt wurde (Dornes 2011).

Babys sind ständig am Erkunden und Forschen. Führende Kleinkindforscher in den USA konnten zeigen, dass 11-Monate alte Babys sich wie Wissenschaftler verhalten, die Hypothesen über die Wirklichkeit aktiv testen. Ein Auto, das in einem Experiment über einen Tisch rollte und dann entgegen der Erwartung der Babys nicht vom Tisch runterfiel, weil es verdeckt auf einer Glasplatte abgefangen wurde, wurde in die Hand genommen und eingehend untersucht.

Das Auto, das über den Tisch rollte und dann erwartungsgemäß auf der anderen Seite herunterfiel, fand dagegen kaum Beachtung. Diese Versuche wurden mit mehreren Spielmaterialien wiederholt. Manfred Spitzer, Psychologe und Mediziner, warnt in diesem Zusammenhang eindrücklich vor dem zu frühen Gebrauch von digitalen Medien, die dieses Erforschen mit allen Sinnen nicht befriedigen können (Spitzer 2015).

**Faszination: Beziehung und Spiel**

Wie dargestellt, entwickeln sich die ersten Interaktionsspiele in der Beziehung zu der jeweiligen Bezugsperson oder den Bezugspersonen.

Die Bindungsforschung hat belegt, wie wichtig diese frühe Mutter/Vater- Kind-Interaktion für die weitere Entwicklung des Kindes ist. Die Beziehungsregulation in der ersten Zeit erfolgt über wechselseitigen Blickkontakt, wechselseitige Vokalisierungen, wechselseitige Berührungen und wechselseitige Imitationen. Der Säugling bringt eine hohe Kompetenz in Bezug auf das Wahrnehmen dieser wechselseitigen, in zeitlicher Übereinstimmung erfolgenden Reize mit und Eltern zeigen in der Regel intuitiv

---

[2]GEO kompakt: Was Kinder stark macht. Nr. 47.

eine ebensolche Kompetenz in diesen frühesten Dialogen. Sie beugen sich genau in dem Abstand zum Säugling, der seinem visuellen Wahrnehmungsvermögen entspricht (die maximale Sehschärfe ist bei ca. 20 cm nach der Geburt), variieren ihre Mimik, greifen die Lautmuster der Babys auf und sprechen in hohen Tönen, was für Säuglinge beruhigender ist, als tiefe Töne (Papoucek 1996).

> **Spielball Wissen 4.2 – Sinnesorgane und Gehirnentwicklung**
> Wenn wir etwas sehen, hören, fühlen, riechen oder schmecken, dann führen diese von den Sinnesorganen ausgehenden Erregungsmuster im Gehirn zu immer stabileren und komplexer werdenden Verschaltungsmustern in den verschiedenen Gehirnregionen und werden dort verankert. So entstehen, wie Gerald Hüther es ausdrückt, innere „Sehbilder", innere „Tast – und Körperbilder", innere „Hörbilder", „Geruchsbilder", aber auch das Verstehen und Verankern von Sprache, wie auch das Interesse am Zuhören. Diese von einem Sinnesorgan ausgehenden Impulse werden wiederum mit anderen Sinneswahrnehmungen und den dadurch erzeugten inneren Bildern verknüpft, was man *sensorische Integration* nennt. Auch aus den Muskeln werden Signale weitergeleitet, die innere „Bewegungs-und Handlungsbilder" in bestimmten Bereichen des Gehirns anlegen. All diese Verschaltungen entstehen nicht von alleine, sondern nur, wenn das Kind viele Male und immer wieder genau diese Sinneserfahrungen macht bzw. sich körperlich vielseitig bewegt.
> (Hüther, Gerald 2011, S. 41/42)

Mechthild Papoušek, frühere Leiterin des Instituts für Soziale Pädiatrie und Jugendmedizin der Ludwig-Maximilians-Universität in München, weist darauf hin, dass dieses spielerische Interagieren zwischen Bezugsperson und Baby gefährdet ist. Sie behandelte über 2000 Säuglinge und Kleinkinder, die primär wegen exzessivem Schreien, chronischer Unruhe, Schlaf-, Fütter- und Gedeihstörungen untersucht wurden. Dabei stellte sie fest, dass sich in den letzten Jahren ein neues „Syndrom" des frühen Kindesalters herauskristallisiert hat: „Spielunlust und Unfähigkeit zu spielen, gepaart mit chronischer Unruhe, Unzufriedenheit und Dysphorie (Unzufriedenheit, Gereiztheit)" (Papoucek 2003, S. 175).

Wenn die Beziehung dagegen gut läuft, ist eine *wechselseitige Faszination* gegeben, die ganz entscheidend für die psychische Entwicklung des Kindes ist. Denn durch Berührung, Spiegelung der Mimik und der Lautmuster der Babys entsteht die Bindung, die für die emotionale Entwicklung des Kindes die entscheidende Rolle spielt. Diese Bindung führt zur Freisetzung

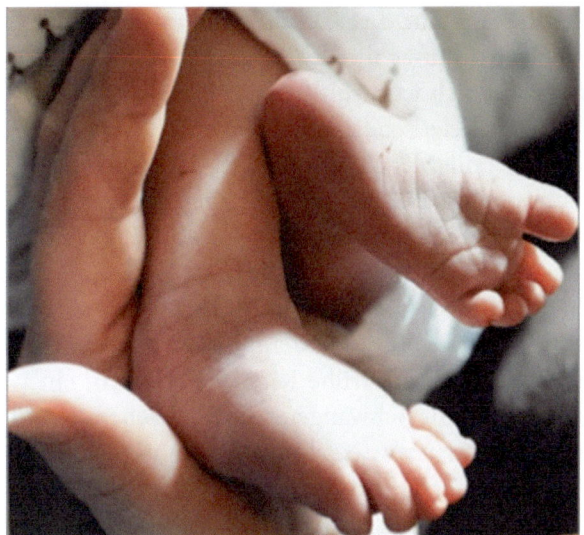

**Abb. 4.4** Bindung durch Berührung (© Weinberger)

des Hormons Oxytocin, das auch als Bindungshormon bezeichnet wird. Dieses Hormon wirkt maßgeblich auf die Entwicklung des kindlichen Gehirns ein. So wird unter anderem das Stresssystem gehemmt, was dem Gehirn eine optimale Lernumgebung für die Erkundung der Welt und des Selbst bietet, Bindungsbeziehungen werden positiv verankert, und es wird die Grundlage dafür geschaffen, dass Emotionen vom Kind identifiziert und beschrieben werden können und das Kind lernt, mit anderen mitzufühlen (Strüber 2016, siehe auch *Spielball Wissen 8.2 ‚Spiegelneuronen'*) (Abb. 4.4).

> **Auf den Punkt gebracht**
> - Säuglinge kommen mit der Fähigkeit zur Interaktion auf die Welt. Sie sind *fasziniert* von mimischer und akustischer Interaktion.
> - Beim Erforschen der Welt brauchen Babys Erfahrungen mit allen Sinnen.
> - Indem die Eltern die Mimik und Lautmuster des Babys *spielerisch* aufgreifen, wird das Bindungshormon Oxytocin ausgeschüttet, das sich entscheidend auf die Gehirnentwicklung des Kindes auswirkt.
> - Diese erste Bindungsbeziehung ist für die emotionale Entwicklung des Kindes von entscheidender Bedeutung.

**Ja, aber** – „Ich habe nicht das Gefühl, mit meinem Baby „spielen" zu können. Das gelingt immer nur kurz, dann schreit es, obwohl ich alles getan habe, damit es sich wohlfühlt."

Wenn Ihnen die spielerische Interaktion mit Ihrem Baby nicht gelingt, dann holen Sie sich Hilfe. Es gibt Kinder, die leicht irritierbar sind und die, wie eine Hebamme einmal sagte, eine „fortgeschrittene Mutter" brauchen. Sie sind aber vielleicht zum ersten Mal Mutter oder Vater. In den meisten Beratungsstellen für Kinder, Jugendliche und deren Eltern gibt es heute Sprechstunden für Babys mit Regulationsstörungen, sogenannten Schreibabys. Bundesweit sind ‚Frühe Hilfen' ins Leben gerufen worden, wie z. B. in Bayern das „Netzwerk frühe Kindheit" (KoKi), ein Beratungs- und Unterstützungsangebot für Schwangere, Alleinerziehende und Familien mit Kleinkindern bis 3 Jahre (www.sozialministerium.bayern.de).

Auch das Prager-Eltern-Kind-Programm, bekannt unter dem Namen PEKiP, wurde geschaffen, um Eltern und Babys im sensiblen Prozess des Zueinanderfindens zu unterstützen.

PEKiP Kurse werden in den meisten Städten angeboten. (www.pekip.de).

„fitdankbaby" ist ein Kurs für Mutter und ihre Babys, der in vielen Städten angeboten wird, um die Interaktion von Mutter und Kind durch gemeinsame Bewegung zu stärken (www.fitdankbaby.com).

**Gedankenspiele**

- Wie aufmerksam bzw. wie präsent bin ich im Kontakt mit Babys?
- Nehme ich wahr, wann das Baby „genug" hat?
- Was fasziniert mich an Babys?
- Habe ich mal in Ruhe ein schlafendes Baby beobachtet?
- Wenn ja, wie wirkt das auf mich?
- Was geht in mir vor, wenn ich ein Baby auf dem Arm halte?

## 4.3 „Marco Polo erobert die Welt" – wie kleine Kinder spielend die Welt begreifen

„Es gibt nichts Wunderbareres und
Unbegreiflicheres und nichts,
was uns fremder wird und
gründlicher verloren geht,
als die Seele des spielenden Kindes".
(Herman Hesse)

## Faszination: In der Familie

Alles, was die Erwachsenen machen, ist für Kinder faszinierend. In allen Kulturen der Welt lernen die Kinder am meisten und nachhaltigsten durch Nachahmung. Mit Kindern kochen, backen, aufräumen – Kinder wollen mithelfen, weil sie dann ein Teil des Ganzen sind. Sie gehören mit der Tätigkeit dazu, werden mit ihren Fähigkeiten gesehen und bekommen eine positive Rückmeldung für ihr Tun, was dazu führt, dass sich diese Fähigkeiten weiter entwickeln können (Abb. 4.5).

Wenn aus Versehen etwas schief geht oder etwas kaputtgeht, ist es wichtig, nicht bei dem Missgeschick stehen zu bleiben, sondern auf das zu schauen, was gelungen ist oder was gut gemacht wurde. So wird dem Kind geholfen, sich auch anzunehmen, wenn es Fehler gemacht hat. Damit wird eine wichtige Grundlage für ein gesundes Selbstwertgefühl geschaffen. Die emotionale Resonanz der Bezugspersonen, von der wir schon im vorherigen Abschnitt gesprochen haben, ist wohl eine der wichtigsten Grundlagen, damit sich die Faszination im Spiel über die Kinderjahre hinaus immer weiterträgt.

Wenn im stressigen Alltag die Faszination für die kleinen Wesen verloren geht, dann schauen Sie Ihr Kleinkind eine Weile an, während es tief schläft. Es gibt kaum etwas Faszinierenderes.

**Abb. 4.5** Alles lädt zum Spielen ein (© Weinberger)

## Faszination: Phantasie

Nie wieder ist Phantasie und Wirklichkeit so miteinander verwoben, wie im Kleinkindalter. Alles ist möglich, der Phantasie sind keine Grenzen gesetzt und die Kinder drücken das auch noch unbefangen aus: im „Als ob"-Spiel, in dem, was sie erzählen, sich wünschen, malen und gestalten.

Wie wichtig es ist, genau diese Phantasietätigkeit zu fördern, zeigt eine Studie aus Kanada. Kinder, die ermuntert wurden, jeden Tag 15 min frei im „Als ob"- Modus zu spielen, waren gegenüber den gleichaltrigen Kindern, die diese Zeit mit Singen oder Ausmalen verbrachten, bei anschließend durchgeführten kognitiven Tests deutlich überlegen. Sie zeigten bessere Leistungen im Arbeitsgedächtnis und in Bezug auf Selbstkontrolle (Thibodeau et al. 2016).

> **Spielball Wissen 4.3 – Der Körper und die Gehirnentwicklung**
> Frühe einfache Lernprozesse wirken sich entscheidend auf spätere höhere geistige Leistungen aus. So ist seit langem bekannt, dass man Sprachlaute, die man als Kind nicht gehört hat, später als Erwachsene nicht mehr unterscheiden kann. Manfred Spitzer betont, wie wichtig *der Körper* bei diesen Lernprozessen ist, um Spuren auf einfachen Bereichen der Gehirnrinde zu hinterlassen. Und er weist eindringlich darauf hin, dass alle „höheren" geistigen Leistungen nur über diese angelegten Spuren aus diesen einfachen Arealen in die weiter ausdifferenzierten Gehirnbereiche gelangen. So findet zum Beispiel beim Erlernen der Zahlen erst die sensorische und motorische Verarbeitung, die eng mit den Fingern verknüpft ist, im Gehirn statt und dann erst die Verortung der Zahlen auf dem sogenannten Zahlenstrahl, d. h., die abstrakte innere Repräsentation von Zahl. Dies geschieht im Parietalhirn, das sich erst später entwickelt. Die sogenannten Fingerspiele („Dies ist der Daumen..."), die man überall auf der Welt in der einen oder anderen Form findet, haben deshalb eine wichtige Funktion.
> 
> Diese *Verkörperung* von Lernprozessen wird Embodiment genannt und bekommt eine immer größere Bedeutung. Spitzer betont: „Entsprechend wichtig sind *körperliche Erfahrungen* wie beispielsweise von „warm" oder „kalt"(...), „groß" oder „klein" bzw. „oben" oder „unten". (Spitzer, M. 2012, S. 168/169)

Janis McDavid, der ohne Arme und Beine geboren wurde und heute mit seinem Auto im turbulentesten Stadtverkehr zurechtkommt, schreibt, wie er als kleiner Junge davon träumte, Motorradpolizist zu werden und was für ein Glück es war, dass ihm seine Eltern und auch sonst niemand dies ausredete (McDavid 2016). Lassen Sie den Kindern ihre Phantasie, wenn möglich, spielen Sie mit. Kinder, die einen Phantasiegefährten haben (wie zum Beispiel in dem Buch ‚Carlsson vom Dach' von Astrid Lindgren) können schwierige Lebensumstände besser bewältigen. Also wird der Tisch für den oder die Phantasiefreundin mitgedeckt.

## Exkurs: Freies Spielen versus Lernspiele

Für Kleinkinder ist das freie Spiel die entscheidende Lern- und Energiequelle. Wie bereits beschrieben, machen sich die Kinder das, was sie in der Welt erfahren, was sie erleben und welche Gefühle das in ihnen auslöst, durch das freie Spiel verständlich.

Im freien Spiel erproben die Kinder sich und die Welt, das Erlebte kann in ihrem eigenen Tempo handelnd aktiv wieder gestaltet und damit verarbeitet werden. Sie erleben Selbstwirksamkeit (siehe *Spielball Wissen 4.4 ‚Selbstwirksamkeit'*) und ganz aus eigener Motivation heraus eignen sie sich die Welt mit ihren Regeln und Strukturen spielend an.

Dabei ist das *freie Spiel* deutlich von *Lernspielen* abzugrenzen.

Kinder haben Fragen und durch das freie, selbstbestimmte Spiel suchen sie durch Ausprobieren und viele, viele Variationen im Spielverlauf die Antworten darauf. Beim spielerischen Lernen, wie es im Kindergarten und in den Kindertagesstätten immer mehr angewandt wird, geht es um Ziele, die von außen an das Kind herangetragen werden. Es soll etwas lernen. Beim freien Spiel wendet sich das Kind automatisch dem zu, was für es momentan „dran ist". Es entdeckt die Welt in seinem Tempo und mit seinen Fragen. Diese Freiheit gilt es zu schützen.

Alison Gopnik, eine der führenden Baby- und Kleinkindforscherinnen aus den USA, weist in einem Interview daraufhin (und das gilt für Eltern in den USA wie in Deutschland), dass viele Eltern meinen, Babys und Kleinkinder sollten, da sie so aufnahmefähig sind und von so vielem fasziniert sind, gezielt lernen. Sie kaufen deshalb schon sehr früh – manchmal schon vorgeburtlich – entsprechendes Spielzeug und entsprechende Lernprogramme. Dabei lernen Babys und Kleinkinder ganz von alleine bei jeder Entdeckung dazu, sie beobachten ihre Umwelt und saugen alles mit Faszination auf: wenn man sie lässt. Gopnik (2010) betont, „wenn wir sagen, Kindergartenkinder können nicht aufpassen, so müssten wir korrekterweise sagen, sie können nicht *nicht* aufpassen. Sie haben ein Problem damit, sich auf eine Sache zu konzentrieren und alles andere auszublenden."

Diese unendliche Neugier, diese Phantasie, sich seine eigene Welt zu kreieren, die Faszination für so vieles sollte nicht in Leistungsschubladen gepackt werden: in Schubladen mit einem speziellen Zeittakt: jetzt ist das zum Lernen dran, jetzt das etc. Nicht die Androhung und Anwendung von Gewalt bedrohen die Kindheit heute, sondern das Streben der Erwachsenen, in dieser Zeit bereits möglichst viel in das Kind „reinzupacken". Dies wird von Joachim Käppner als Ökonomisierung der Kindheit bezeichnet, in der das Kind zum Objekt wird. Der Fokus liegt nicht auf seinem Wohlergehen, sondern auf seiner späteren Nützlichkeit (Käppner 2015, S. 18).

Der Kinderarzt Herbert Renz-Polster schreibt, dass sich Erzieherinnen heute rechtfertigen müssen, „wenn sie die Kleinen einfach ein paar Stunden „frei" spielen lassen" und er fragt : „Müsste sich nicht jeder Kindergarten rechtfertigen, der seinen Kindern eben das *nicht* bietet?" Gleichzeitig wehrt er sich vehement gegen eine Kindheit, die in Gefahr ist, nur noch zu einer Strecke zu werden, „auf der sich die Kinder für ihren Job warmlaufen" (Renz-Polster 2016, S. 93).

## Hierzu ein Beispiel aus der Kindergartenpraxis

Im Kindergarten wird mit den Vorschulkindern das Projekt „Mathematik spielerisch" durchgeführt. Zum Abschluss dieses Projekts, das die Erzieherinnen in gemeinsamen Sitzungen stundenlang sorgfältig vorbereitet haben (und es auch wieder ebenso sorgfältig nachbereiten werden), ist ein Ausflug in der Natur geplant. Liebevoll haben sie in einem Bollerwagen verschiedenste Materialien zusammengestellt, die insgesamt 10 Spielstationen bestücken sollen, in denen das Gelernte spielerisch noch einmal zusammenfassend wiederholt werden soll. Die Erzieherinnen und Kinder, teilweise mit Eltern und Großeltern, die auch eingeladen wurden, ziehen los.

Die Kinder sind sofort fasziniert von dem, was sie unmittelbar sehen: Pferde auf der Koppel, Schafe mit kleinen Lämmern, glitzernde Steine auf dem Weg, eine Mütze, die im Baum hängt und vom Wind hin- und her geschubst wird und vieles mehr. Ein Kind weist auf den sich auflösenden Kondensstreifen eines hoch oben am Himmel vorüberfliegenden Flugzeuges hin und sagt dazu: „Schaut mal, da oben sind chinesische Schriftzeichen." Leider ist gar keine Zeit zum Innehalten, Schauen, Bestaunen vorgesehen, da in einer fest umrissenen Zeit alle 10 Spielstationen, in denen Zahlenspiele nach einem festgelegten Aufbau und Ablauf durchzuführen sind, absolviert werden müssen. Denn zum Abschluss des Projektes wartet noch ein angerichtetes Buffet auf Kinder und Eltern – alles in einem festen Zeitrahmen, denn die Zeit, in der die Kinder vom Kindergarten abgeholt werden, steht ja fest. So werden die Kinder immer wieder ermahnt, nicht stehen zu bleiben.

**Abb. 4.6a, b** Bitte nicht stören! (© Weinberger)

Die Kinder haben brav alles mitgemacht, aber eben nur mitgemacht. Spielfreude kam in dem organisierten Ablauf kaum vor, dazu war alles viel zu sehr durchgetaktet.

Auch die sich entwickelnde Fähigkeit zur gerichteten Aufmerksamkeit hängt direkt mit dem freien Spiel zusammen. Die Aufmerksamkeit kommt beim Spielen aus der inneren Motivation heraus, ohne dass sich die Kinder bewusst anstrengen müssen.

Deshalb warnt André Zimpel, Erziehungswissenschaftler an der Universität Hamburg, davor, das freie Spiel bereits im Kindergarten durch überhöhte Bildungsansprüche der Eltern zu verdrängen. Er weist auf neurobiologische Erkenntnisse hin, welche die Bedeutung des Spiels auf die Entwicklung des kindlichen Gehirns belegen. So schreibt er in Bezug auf das Frontal- oder Stirnhirn, das u. a. die Aufgabe hat, aus früher angelegten Hirnregionen ankommende Impulse zu hemmen oder zu steuern und daher für die Handlungsplanung und -ausführung maßgeblich ist:

„Während Kinder sich aus ihrem banalen Alltag spielerisch in die Rolle übermächtiger Erwachsener hineinträumen, formen sie unbewusst wichtige Verbindungen ihres Stirnhirns mit den anderen Teilen ihres Gehirns. Das Gleiche gilt, wenn sie sich komplizierte Regeln beim Murmeln oder Gummitwist ausdenken" (Zimpel 2012, S. 129, Abb. 4.6).

> **„Du bist ein Riese, Max"**
>
> Kinder werden als Riesen geboren,
> doch mit jedem Tag, der dann erwacht
> geht ein Stück von ihrer Kraft verloren
> tun wir etwas, was sie kleiner macht.
> Kinder versetzen solange Berge
> bis der Teufelskreis beginnt.
> Bis sie wie wir erwachs'ne Zwerge
> endlich so klein wie wir Großen sind.
>
> Du bist ein Riese, Max! Sollst immer einer sein!
> Großes Herz und großer Mut und nur zur Tarnung nach außen klein
> Du bist ein Riese, Max! Mit Deiner Phantasie
> auf Deinen Flügeln aus Gedanken kriegen sie Dich nie!
>
> Freiheit ist für Dich durch nichts ersetzbar
> Widerspruch ist Dein kostbarstes Gut
> Liebe macht Dich unverletzbar
> wie ein Bad im Drachenblut.
> Doch pass auf, die Freigeistfresser lauern
> eifersüchtig im Vorurteilsmief,

> ziehen Gräben und erdenken Mauern
> und Schubläden wie Verliese so tief.
>
> Keine Übermacht könnte Dich beugen,
> keinen Zaun wüßt ich, der Dich einzäunt.
> Besiegen kann Dich keiner, nur überzeugen.
> Max, ich wäre gern Dein Freund,
> wenn Du morgen auf Deinen Reisen
> siehst, wo die blaue Blume wächst,
> und vielleicht den Stein der Weisen
> und das versunkene Atlantis entdeckst!
>
> Musik & Text: Reinhard Mey
> © by Edition Reinhard Mey GmbH

## Faszination: Natur erleben

In der Natur entdecken Kinder immer wieder etwas Neues, weil die Natur in einem ständigen Wandel begriffen ist. Indem sie sich ganz fasziniert einem sich schlängelndem Regenwurm oder einer dahinkriechenden Schnecke zuwenden, sind sie fasziniert, ganz im „Hier und Jetzt" und vergessen die Zeit. Etwas was sich Erwachsene in oftmals teuren Kursen wieder zu holen erhoffen. Die *Regeneration,* die in diesem faszinierenden Erleben liegt – wenn es die Eltern aushalten und der Kontext es erlaubt, das Kind in diesem Zustand verweilen zu lassen –, ist mitentscheidend dafür, dass kleine Kinder so viel Energie haben. Auch wenn sie eigentlich müde und erschöpft sind, taucht etwas Faszinierendes auf, sind sie sofort wieder „voll da".

Da für Kleinkinder alles lebendig ist, empfinden sie sich viel stärker als Teil der Natur, als das viele Erwachsene noch können. Sie tauchen buchstäblich in die Natur ein. Die Waldkindergärten, die sich zunehmender Beliebtheit erfreuen, sind genau für diese Erfahrungen geschaffen.

Lassen Sie den Kindern Zeit, die Natur zu entdecken. Das gerade heruntergefallene Blatt aufzuheben, die tote Maus auf dem Feld zu betrachten, den richtigen Ast zum Mitnehmen zu finden, Schnecken zu beobachten und anzufassen, in die Löcher von Feldmäusen rein zu stochern und vieles mehr (Abb. 4.7).

Obwohl es auch in der Stadt viele faszinierende Sachen zu entdecken gibt, ist so ein Spaziergang für Kleinkinder oft eine permanente Reizüberflutung und das Kind lernt „abzuschalten". Denn wenn es etwas Faszinierendes entdeckt, geht es normalerweise gleich weiter, Mutter oder Vater haben in der

**Abb. 4.7** „Schaut'mal her!" (© Weinberger)

Stadt ja etwas zu erledigen. Das Faszinierende zu betrachten, auf sich wirken zu lassen, dafür ist in der Regel keine Zeit. Das heißt nicht, dass Sie ihr Kind nie in die Stadt mitnehmen sollten, aber als Ausgleich sollte es genügend Zeit für sein eigenes Entdecker-Tempo haben – das kann auch in der Stadt geschehen.

Richard Lewis schreibt in seinem Buch „Leben heißt Staunen":

„Vielleicht ist das Spiel zwischen Menschen und den Elementen um sie herum Teil des Genies der Kindheit. Mit dem Wind um die Wette zu rennen, auf Sand zu bauen und Wasser verrinnen zu lassen, das sind nicht bloß geflügelte Worte, sondern wirkliche Beschreibungen dessen, was ein Kind tut, wenn es mit diesen Dingen umgeht. Durch die profunde Annäherung im Spiel teilen wir das Leben von Wind, Sand und Wasser – oder wie Johanny, ein achtjähriger Junge, kürzlich schrieb: ‚Wenn ich spiele' dann ist es so, als ob ich den Wind umarme und die Luft küsse und mit ihr singe und die Luft vor mir her schubse. Ich bin sehr, sehr froh" (Lewis 1999, S.134, Abb. 4.8).

**Abb. 4.8** Wasser, Sonne, Erde und Wind (© Lindner)

## Faszination: Beziehung und Bewegung

Ein sich normal entwickelndes Kind ist von allen Bewegungstätigkeiten fasziniert, die sein Gleichgewichtssystem anregen, die eine Herausforderung darstellen und die es in Interaktion mit einem Gegenüber erleben kann. Bei allen interaktiven Bewegungsspielen stehen immer die Eltern an erster Stelle. Zum Beispiel beim Flugzeugspielen, Kniereiterversen wie dem Hoppe-hoppe-Reiter und dem spielerischen Raufen und Kräfte messen, Wettrennen etc. Das Dabeisein, wenn das Kind seine ersten Erfahrungen mit dem Laufrad macht, auch hier ist es die Kombination von Bewegung und Interaktion.

**Ein Beispiel von Helga L.**

„Ich erinnere mich an einen der faszinierendsten Momente meiner Kindheit. Es war im Sommer 1964, mein Vater war auf Dienstreise, und mein älterer Bruder übte mit mir geduldig Radfahren. Ich wollte es unbedingt können, bevor mein Vater zurückkehrte. Auf einem Feldweg schob mich mein Bruder wieder und wieder an, aber das Fahrrad wollte und wollte nicht gerade fahren. Ich spüre diesen wunderbaren Augenblick noch heute, diesen Moment, als er das Fahrrad wieder losließ und es plötzlich wie von alleine fuhr!"

Wir können uns nicht mehr an unsere ersten Schritte bewusst erinnern, aber die Empfindung wird wohl für jeden ähnlich faszinierend sein, ebenso beim Schwimmen, Klettern, Balancieren… Es ist stets *dieser* Augenblick, die stützende Hand loszulassen und *gleichzeitig* die Fähigkeit zu spüren, sich alleine fortzubewegen. Es ist genau diese körperliche Erfahrung, immer wieder scheitern zu dürfen und immer wieder von der sicheren Basis aus los zu starten, die uns tiefes Vertrauen in uns selbst gibt. Und wir sind so stolz auf uns, ein gutes Gefühl auf dem Weg in die Selbstständigkeit!

## Faszination: Selbstwirksamkeit

Vielleicht kennen Sie die Werbung, in der sich Kinder statt einem zwei Überraschungseier ergattern können, wenn sie es schaffen, die Durststrecke des Wartens zu überstehen. Dieses Prinzip entstammt dem sog. Marshmallow-Test, den der Psychologe Walter Mischel seit über fünfzig Jahren bis heute mit verschiedenen Altersgruppen durchführt. Ziel war, herauszufinden, ob die Fähigkeit, sofortige Belohnungen zugunsten künftiger Resultate aufzuschieben, einen Einfluss auf unsere späteren Erfolge und unsere Leistungen im Leben hat.

Er fand heraus, dass die Fähigkeit zur Selbstkontrolle, also sich anzustrengen und auch negative Gefühle aushalten zu können, wenn man sich eine eigene Belohnung in Aussicht stellt, schon bei kleinen Kindern vorhanden ist und einen großen Einfluss auf den weiteren Lebensweg hat. Diese Fähigkeit funktioniert jedoch nicht isoliert, sondern führt erst zusammen mit anderen Ressourcen, der Fantasie, der Empathie, der gedanklichen Steuerung und dem zielgerichteten Handeln, zur sog. Selbstwirksamkeit.

Diese innere Einstellung nach dem Motto „Ich weiß, ich kann es (schaffen)" – erzeugt ein starkes Selbstwertgefühl und wird von Mischel als „Erfolgsmotor" bezeichnet, um sein späteres Leben zu meistern und sein Leistungspotenzial auszuschöpfen (Mischel 2015).

Auch wir Erwachsene handeln oft noch nach diesem Motto, „wenn ich das geschafft habe, dann habe ich mir die Schokolade, das Gläschen Wein, verdient", ohne uns dessen noch bewusst zu sein. Es lohnt sich, über diese Mechanismen nachzudenken und nach immateriellen Belohnungen zu suchen.

Beim Kind ist diese Belohnung das Spielen an sich, denn das hat Bedeutung für sein Leben und so kann es sich selbst am besten motivieren: „Wenn ich mein Zimmer aufräume, finde ich bestimmt die Legoteile für mein Haus wieder" oder „wenn ich jetzt aufhöre zu nörgeln und ein bisschen warte, dann spielt die Mama mit mir". Spielen ist also die gesündeste Form der Selbstbelohnung, aber auch der Selbstdisziplinierung und kann das Kind von ganz alleine dazu anstiften, seine Pflichten zu erfüllen. Wohl auch deshalb ist das Spielen für Kinder so faszinierend, weil sie sich hier schon mit ihrer ganzen Willensstärke und ihrer Kompetenz wahrnehmen und sich selbst bestimmen können.

> **Spielball Wissen 4.4 – Selbstwirksamkeit**
> Der kanadische Psychologe Albert Bandura (geb. 1925) prägte in den 70-er Jahren den Begriff „self-efficacy beliefs", der im Deutschen mit Selbstwirksamkeit bzw. Selbstwirksamkeitserwartung übersetzt wurde. Darunter versteht man die Erwartung oder Überzeugung, auch schwierige Situationen erfolgreich aus eigener Kraft bewältigen zu können. In der Psychotherapie von Kindern, Jugendlichen und Erwachsenen spielt der Aufbau bzw. die Verstärkung der Selbstwirksamkeit eine bedeutende Rolle. (Bandura, Albert 1979)

Im Spiel haben wir auch die einzigartige Möglichkeit, uns im Einklang von Denken, Fühlen und Handeln zu erleben. Der Psychologe Burkhard Flügel beschreibt in der Metapher vom „Reiter und Pferd", dass es stets darum geht, dass wir sowohl „Reiterfähigkeiten", also Selbstkontrolle, Vernunft, klares Bewusstsein, als auch unsere „Pferdefähigkeiten", unsere Emotionen (Freude, Angst, Wut und Traurigkeit) wahrnehmen dürfen und lernen können, beide miteinander in Einklang zu bringen, so wie eben ein guter Reiter sein Pferd reitet (Flügel 2015).

**Beispiel aus der therapeutischen Praxis**

Die 10-jährige Marlene spielt begeistert Pferd und springt wieder und wieder durch einen Reifen. Dabei spornt sie sich lautstark an: „Komm´ Pferdchen, du schaffst es!" Nach einigen Versuchen meint sie, das Pferd habe nun eine Reiterin, Marlene, und nun spornt sie sich erneut an: „Marlene, du

**Abb. 4.9** Aus: ‚Laut Wikipedia bin ich nicht internetsüchtig!' (Mit freundlicher Genehmigung © Lappan Verlag Oldenburg, 2015)

schaffst es, komm'schon!" Auf spielerische Weise lernt Marlene ihre Fähigkeiten miteinander zu verbinden und gelangt dadurch zu mehr innerer Stärke.

## Faszination: Medien

Kleinkinder sind fasziniert von dem, was sie im Fernsehen anschauen können, weshalb spezielle Programme für Kleinkinder und Vorschulkinder entwickelt wurden, ebenso wurden entsprechende Computerspiele für dieses Alter konzipiert.

Sehr pointiert nimmt der Pädagoge und Naturwissenschaftler Salman Ansari (2017) gegen die Pläne des Bundesbildungsministeriums Stellung, in den Kindertagesstätten den Einsatz digitaler Medien zu forcieren:

„Viele Kinder leiden darunter, dass in ihren Familien zu wenig miteinander gesprochen wird. Viele haben enorme Schwierigkeiten, sich zu artikulieren… zunehmend müssen Pädagogen lernen, die Sprachkompetenz zu fördern. Den Umgang mit digitalen Medien kennen viele Kinder dagegen längst. Die dringende Frage ist nicht die nach dem Umgang mit Medien, sondern vielmehr, wie Kinder zur Sprache kommen. In der Welt der sprachlichen Kommunikation stecken hinter den Wörtern erlebte Bilder. Wenn Wort und Bild zusammenfallen, entsteht Klarheit. Die virtuellen Bilder, gedacht als Weltaneignung, sind jedoch beliebig. Sie kommen und gehen. In der Bilderflut entschwinden die „Guck-Bilder". Statt Erkenntnis vollzieht sich geistige Entleerung… die Sprache bleibt das eigentliche Medium, um die Welt metaphorisch zu interpretieren. Unter allen Erziehungswissenschaftlern, Pädagogen, Hirnforschern und Psychologen ist es unumstritten, dass Spielen die Spontanität des Denkens, die Selbstbeherrschung, das Entwickeln von Regeln, die Genauigkeit der Sprache, unerwartete Vernetzung von Ideen, das Zurückgreifen auf die bisher gemachten Erfahrungen unterstützt. Das sind nur einige von vielen Faktoren, die Kindern dabei helfen, Intelligenz und Emotionalität selbständig weiter zu entwickeln. Computerspiele als Spiel zu bezeichnen kommt daher einem Etikettenschwindel gleich."

Bei der Faszination für das Fernsehen wie für die digitalen Medien geht es nicht um ja oder nein, das Entscheidende ist die Auswahl und die Zeit, die die Kinder damit verbringen. So sagt der Sprecher des Spielmaterials Lego, Rude Trangbaek, als er zur Rivalität zwischen Playmobil, Simba und Lego befragt wird: „Wir konkurrieren um die Zeit der Kinder" und führt aus, „dass das Spielzeug zum Anfassen gegen die digitale Welt antrete und dass dies die wahre Konkurrenz für alle herkömmlichen Spielzeughersteller sei."[3]

Eltern sind heute mehr als je zuvor gefragt, sich damit auseinanderzusetzen, was die Kinder anschauen und wie viele Minuten am Tag Kinder maximal mit diesen Medien zu tun haben sollten. Dies gilt in besonderem Maße für die Kleinkinder, da die Gehirnentwicklung ganz wesentlich von körperlichen Erfahrungen mit allen Sinnen bestimmt wird. Dies ist eine besondere Herausforderung, da Eltern in unserer Leistungsgesellschaft häufig unter Zeitdruck stehen und oft einfach die Zeit brauchen, in denen die Kinder „ruhiggestellt" fasziniert vor dem Bildschirm sitzen. Die Frage, was und wie viel Kinder sehen dürfen, ist daher wohl in jedem Elternhaus präsent (Abb. 4.9).

Einige Gedanken, die im Umgang mit digitalen Medien zu beachten sind:

---

[3]Der Neue Tag, 21.12.2017.

- Da das Gehirn im Vorschulalter besonders aufnahmefähig und plastisch ist, sollte so viel Zeit wie möglich damit verbracht werden, *mit allen Sinnen* Erfahrungen zu machen. Dies ist durch nichts zu ersetzen.
- Die Zeit vor dem Bildschirm nimmt wichtige Spielzeit weg. Gerade das freie Spiel ist aber für die Identitätsentwicklung und das soziale Lernen durch nichts zu ersetzen. Gleichzeitig kann bei nicht sorgfältiger Auswahl des Programmes ein Teufelskreis beginnen: die Kinder sehen etwas, was sie noch nicht verarbeiten können und gleichzeitig fehlt die Zeit, alle diese Eindrücke im freien Spiel zu verarbeiten.
- Die inneren Bilder der Kinder werden durch äußere Bilder ersetzt. Das hat langfristige negative Folgen in Bezug auf die Aufmerksamkeit und Kreativität der Kinder. Man konnte beobachten, dass Pippi Langstrumpf aus dem gleichnamigen Buch von Astrid Lindgren von Kindern ganz unterschiedlich gemalt wurde. Nachdem der Film dazu in den Kinos erschienen war, malten alle Kinder eine ähnliche Pippi Langstrumpf.
- Die gezeigte Wirklichkeit ist für Kinder ihre Lebenswirklichkeit. Angst- und Gewalterfahrungen prägen sich tief ein.

**Auf den Punkt gebracht**
- Sinneserfahrungen, wie Spüren, Schmecken, Riechen und Tasten sind im Kleinkindalter lebensnotwendig. Sie sind die Grundlage für alle weiteren Kompetenzen, wie z. B. Sprache und Denken.
- Kleinkinder sind von dem fasziniert, was sie entdecken. Und sie entdecken immer wieder Neues. Die Natur, die jeden Tag anders ist, ist ein wunderbarer Entdeckungsraum!
- Der Faszination der Kleinkinder für das freie Spiel genügend Raum zu geben, ist eine Hauptaufgabe in diesem Entwicklungsalter.
- Kinder spielen in den sog. „Als ob"- Handlungen ihre Lebenswelt nach und verarbeiten Eindrücke und Erlebnisse spielerisch und in ihrem Tempo.

**Ja, aber – „Wenn mein Kind nicht gezielt gefördert wird, bleibt es vielleicht doch hinter den anderen Kindern zurück, die zum Beispiel schon Englisch oder Tennis lernen."**

Um es noch einmal zu betonen: Kinder in den Jahren vor der Schule lernen am meisten beim freien Spiel. Speziell die „Als ob"- Spiele fördern ihr abstraktes Denken, eine wichtige Voraussetzung für das spätere Lernen in der Schule. Hier finden Sie gute Ideen in dem Buch „Spielen macht schlau" (s. Bücherkiste). Es gibt bisher keine Studien, die den Effekt von früher Förderung, zum Beispiel „Englisch im Kindergarten", nachweisen.

Das Beste was Sie als Eltern tun können, ist: darauf zu vertrauen, dass Ihr Kind die in ihm angelegte Vielfalt an Begabungen und Fähigkeiten entwickeln wird, wenn es von Ihnen in seiner Individualität respektiert wird. Bedenken Sie, dass die Zeitfenster der einzelnen Entwicklungsstufen sehr weit angelegt sind (z. B. Laufen lernen geschieht zwischen dem 10. und 18. Lebensmonat) und dass jedes Kind in seinem eigenen Tempo lernt.

**Gedankenspiele**

- Wovon sind meine Kinder bzw. die Kinder, die ich kenne, fasziniert?
- Lasse ich mich davon auch faszinieren?
- Wie oft, wann, wie schnell „hole ich sie da raus"?
- Wie viel Zeit ist im Alltag für das da, was die Kinder fasziniert?
- Inwieweit stelle ich mich dem Kind beim freien Spiel zur Verfügung?
- Wie oft greife ich ein gemeinsames Erlebnis im Spiel noch einmal auf, durch ein Rollenspiel oder durch Malen oder Gestalten?
- Kann ich mich daran erinnern, was mich als Kleinkind fasziniert hat?
- Hat mich ein Erwachsener dabei begleitet und sich für mich zur Verfügung gestellt?

**Bücherkiste**

- Anders, Wolfgang/Weddemar, Sabine (2001): Häute scho(e)n berührt? Körperkontakt in Entwicklung und Erziehung. 2. Auflage. Dortmund: Borgmann Verlag.
- Ansari, Salman (2014): Rettet die Neugier. Gegen die Akademisierung der Kindheit. 3. Auflage. Frankfurt a. Main: Krüger.
- Bauer, Joachim (2019): Wie wir werden, wer wir sind – die Entstehung des menschlichen Selbst durch Resonanz. München: Blessing.
- Bergmann, Wolfgang (2011): Lasst eure Kinder in Ruhe! Gegen den Förderwahn in der Erziehung. München: Kösel.
- Brüning, Astrid und Wilfried (2019): Schlaumacherbuch. Detmold: Brüning-Film-Verlag.
- Dawirs, Ralph/Moll, Gunther (2011): Die 10 größten Erziehungsirrtümer. Weinheim: Beltz.
- Fontane, Beatrice/d'Harcourt, Claire (2007): Babys in den Kulturen der Welt.
- Gebauer, Karl (2012): Klug wird niemand von allein – Kinder fördern durch Liebe. Ostfildern: Patmos.

- Gopnik, Alison (2010): Kleine Philosophen: Was wir von kleinen Kindern über Liebe, Wahrheit und den Sinn des Lebens lernen können. Berlin: Ullstein TB.
- Graf, Danielle/Seide, Katja (2016): Das gewünschteste Wunschkind aller Zeiten treibt mich in den Wahnsinn. Der entspannte Weg durch Trotzphasen. Weinheim: Beltz.
- Juul, Jesper (2016): Das Familienhaus. Wie Große und Kleine gut miteinander auskommen. Hirnforschung 9 (2017): Mensch und Spiel. Audio-CD.
- Piaget, Jean (1995): Intelligenz und Affektivität in der Entwicklung des Kindes. Frankfurt: Suhrkamp.
- Pohl, Gabriele (2014): Kindheit – aufs Spiel gesetzt. 4. Auflage. Berlin: Springer Spektrum.
- Textor, Martin R./Bostelmann, Antje (Hrsg.): Das Kita-Handbuch: https://www.kindergartenpaedagogik.de/
- Zimpel, André (2014): Spielen macht schlau! Warum Fördern gut ist, Vertrauen in die Stärken Ihres Kindes aber besser. München: Gräfe & Unzer.

**Filme**

- Die kleine blaue Lokomotive (2011), DVD von Elliot M. Bour. *In diesem Film muss sich eine kleine Lokomotive sehr anstrengen und lernt dabei, dass man alles erreichen kann, wenn man an sich glaubt. Wenn sie schuftet und schnauft, sagt sie: „Ich glaube, ich kann's, ich glaube, ich kann's..."*
- Kindheit (2018), DVD von Margreth Olin.

# Literatur

Ansari S (2017) In: Müller-Jung J, Frankfurter Allgemeine Archiv (Hrsg) Hirnforschung 9. Mensch und Spiel. CD 1, Kapitel 6. Audio-CD
Bandura A (1979) Sozial-kognitive Lerntheorie. Klett-Cotta, Stuttgart
Brown S, Vaughan C (2010) Play. How it Shapes the Brain, Opens the Imagination and Invigorates the Soul. Avery, New York
Dornes M (2011) Der kompetente Säugling, 13. Aufl. Fischer, Frankfurt a. M.
Flügel B (2015) Die Ent-Negativierung des Menschen. Flügel-Verleih, Herzogenaurach
Gopnik A (2010) SZ-Interview vom 12./13.6.2010: Alison Gopnik über Babys
Hüther G (2011) Was wir sind und was wir sein könnten. Ein neurobiologischer Mutmacher. Fischer TB, Frankfurt a. M.

Kang S (2016) Das Delfin-Prinzip: Glückliche Kinder sind im Leben erfolgreicher als Einserschüler. Goldmann, München

Käppner J (2015) Rettet die Kindheit. Süddeutsche Zeitung Edition

Largo RH (2013) BabyJahre. Entwicklung und Erziehung in den ersten vier Jahren, 12. Aufl. Piper, München

Lewis R (1999) Leben heißt Staunen. Beltz, Weinheim

McDavid J (2016) Dein bestes Leben: Vom Mut, über sich hinauszuwachsen und Unmögliches möglich zu machen. Herder, Freiburg

Mischel W (2015) Der Marshmallow-Test. Siedler, München

Mogel H (1994) Psychologie des Kinderspiels. 3. aktual. und erweiterte Auflage. Springer, Berlin

Papoucek M (1996) Die intuitive elterliche Kompetenz in der vorsprachlichen Kommunikation als Ansatz zur Diagnostik von präverbalen Kommunikations- und Beziehungsstörungen. Kindh und Entwickl 5:140–146

Papoušek M (2003) Gefährdung des Spiels in der frühen Kindheit: Klinische Beobachtungen, Entstehungsbedingungen und präventive Hilfen. In: Mechthild P, von Gontard A (Hrsg) Spiel und Kreativität in der frühen Kindheit. Leben lernen, Bd 159. Pfeiffer bei Klett-Cotta, Stuttgart, S 174–214

Pohl G (2014) Kindheit – aufs Spiel gesetzt. Vom Wert des Spielens für die Entwicklung des Kindes, 4. Aufl. Springer Spektrum, Berlin

Renz-Poster H (2016) Menschenkinder. Artgerechte Erziehung – was unser Nachwuchs wirklich braucht. Kösel, München

Spitzer M (2012) Digitale Demenz. Wie wir uns und unsere Kinder um den Verstand bringen. Droemer, München

Spitzer M (2015) Babys sind auch nur Wissenschaftler. Nervenheilkunde 34:851–853

Strüber N (2016) Die erste Bindung. Wie Eltern die Entwicklung des kindlichen Gehirns prägen. Klett-Cotta, Stuttgart

Swaab D (2010) Wir sind unser Gehirn. Wie wir denken, leiden und lieben. Droemer, München

Thibodeau RB et al (2016) The effects of fantastical pretend-play on the development of executive functions: an intervention study. J Exp Child Psychol 145:120–138 In Psychologie Heute, 7, 2016: Aufruf zum Mond.

Zimpel AF (2012) Lasst unsere Kinder spielen! Der Schlüssel zum Erfolg. Vandenhoeck, Göttingen.

# 5

# Schulkinder und Spiel

## 5.1 „Batman macht Hausaufgaben" – wie Schulkinder spielend lernen

> „Die Entwicklung der Intelligenz braucht das Spiel wegen der unendlichen Vielfalt der Optionen".
> (Max J. Kobbert)

**Faszination: In der Familie**

Die Eltern sind immer noch die wichtigsten Bezugspersonen, an denen sich die Kinder in allem, was sie machen, orientieren. Es sind die gewachsenen sicheren Bindungen, die der spielerischen Neugier einen Weg in den nächsten Lebensabschnitt bereiten. Welche immense Bedeutung die Familie, d. h. die Eltern auch zusammen mit Geschwistern, für die emotionale Entwicklung des Kindes (noch) haben, zeigt sich vor allem dann, wenn ein Kind die Erfahrung des Auseinanderfallens der eigenen Familie machen muss.

Gerade weil die Kinder jetzt schon so viel alleine machen können, werden gerade die 6 bis 7-Jährigen, aber auch die älteren Schulkinder schnell überfordert. Wie sehr die Kinder in diesem Alter noch in ihrer eigenen Spiele-Welt leben, zeigt das folgende Beispiel:

**Abb. 5.1** „Der Kampf um das Gute" (© Lindner)

**Die Geschichte vom Maisdreschen, die uns eine Mutter erzählt hat:**

Jakob (9 Jahre) und Simon (8 ½ Jahre) trafen sich im Herbst zum Spielen. Sie wollten unbedingt zu ihrem Lager, am Rande unserer Siedlung. Sie nahmen den Spieltraktor mit und zwei Kinderschaufeln aus Metall mit stabilem Holzstab. Sie waren über eine Stunde dort, ich dachte sie spielen schön, es kann nichts passieren, und ich wollte sie bei ihrem Spiel nicht stören.

Plötzlich kamen sie und beichteten, dass ihre Schaufeln kaputt seien. Der dicke Holzstab der Metallschaufeln war abgebrochen. Auf meine Frage, wie das passiert sei, antwortete mein Sohn (bereits mit offensichtlichem Unbehagen): „Die Erde war so hart, wir haben so fest graben müssen." Simon jedoch gerade heraus: „Wir haben so viel dreschen müssen!"

Nachdem ich fragte, was sie gedroschen haben und sie mir mitteilten, dass sie „ein wenig" Mais gedroschen haben, machten wir uns auf den Weg zum Lager. Da kam dann auch Simons Mutter, die ihn gerade abholen wollte.

Simons Familie hat übrigens einen der größten Bauernhöfe im Dorf. Ich berichtete kurz, was geschehen war und Böses ahnend gingen wir mit den Jungs zum Lager. Dort traf uns fast der Schlag, die beiden hatten mit den Schaufeln ca. 80qm Mais auf 15 cm Höhe abgeschlagen! Sie hätten auch sicher noch weitergemacht, wenn die Schaufeln nicht kaputtgegangen wären. Nach erster Sprachlosigkeit und anschließendem Donnerwetter fragten wir die Jungs, warum sie das Ganze denn gemacht hätten.

Ihr Lager war nach der Hitze des Sommers komplett dürr und trocken und sie hatten mit den Maisblättern das komplette Lager ausgekleidet und es strahlte von allen Seiten wieder in sattem Grün. Die Stängel hatten sie ordentlich gestapelt als „Brennholz" für den Winter.

Simons Mutter war so enttäuscht von ihrem Sohn, weil er als Landwirtssohn nicht wusste, wie viel Arbeit und Wert in so einem Maisfeld steckt. Ich war sehr enttäuscht, weil mein Sohn auch sehr ländlich, bodenständig aufwächst und sich sehr für die Natur und die Landwirtschaft interessiert.

Am Abend begutachteten die beiden Väter mit den Söhnen den Schaden und fuhren mit den Jungs zum Besitzer des Feldes, dort mussten sie ihre „Tat" beichten und sich entschuldigen. Außerdem sollten sie den angerichteten Schaden von ihrem Taschengeld bezahlen. Der Landwirt war erfreut über die Ehrlichkeit der Jungen und hat bis heute noch kein Geld von ihnen verlangt. Das wiederum verstehen die Jungs nicht und fragen heute, nach über einem Jahr noch nach, warum er kein Geld von ihnen verlangt.

Im Nachhinein kann ich sagen, im ersten Moment waren wir alle derart entsetzt und wussten mit der Situation nicht umzugehen. Als wir aber dann das „Werk" am Lager, dieses künstlerische und akribische Auskleiden der trockenen Äste gesehen haben, hätte man sie eigentlich für ihre Kreativität loben müssen.

Die beiden haben jedenfalls sehr viel daraus gelernt. Vor zwei Wochen war Simon wieder bei uns zu Besuch. Die gleiche Jahreszeit, der Mais kurz vor der Ernte. Sie wollten wieder ins Lager. Ich sagte nur: „Jungs, keinen Schmarrn (Blödsinn) machen." Von den beiden kam gleichzeitig die Antwort: „So einen Sch… machen wir doch nicht mehr!"

## Faszination: Beziehungen außerhalb der Familie

Die Familie, in der das Kind aufwächst, ist immer noch die Basis, der sichere Hafen, von der aus die Welt – mit zunehmendem Alter mehr und mehr ohne Eltern – entdeckt wird. Denn das Kind löst sich ab dem Schulalter langsam aus der Familie und entdeckt sich mit seinen Fähigkeiten, die nun sein Selbstkonzept formen. Es geht um Selbstdarstellung und Selbststärkung. Kontakt und Wettbewerb mit Gleichaltrigen spielen jetzt eine große Rolle. Ebenso das Entwickeln und Aufstellen von Ordnungen, Regeln und Ritualen. Das Kind braucht in dieser Entwicklungsphase das Respektieren seiner Privatsphäre und Unterstützung und Bestätigung seiner Aktivitäten (Kegan 1994). Die Kinder tauchen jetzt auch in der Freizeit immer mehr in die Welt der Gleichaltrigen ein, ohne die Eltern um sich zu haben, z. B. wenn sie im Sportverein aktiv sind, Mitglied bei den Ministranten werden, zur Feuerwehr oder zu den Pfadfindern gehen. Diese Gruppenerlebnisse werden mit zunehmendem Alter faszinierend. Die Kinder- und Jugendpsychologin Oggi Enderlein schreibt, „neben dem Bedürfnis Mitglied einer Gruppe zu sein, ist es die Sehnsucht, sich in abenteuerlichen, gewagten, gefährlichen Aktionen zu behaupten, sich mit der eigenen Angst auseinander zu setzen, sich an anderen zu messen, die eigenen Stärken und Schwächen, Vorzüge und Nachteile im Vergleich mit Menschen der eigenen Generation kennen zu lernen, das heißt, seinen persönlichen Stellen-Wert im Leben zu finden" (Enderlein 2001, S. 210).

## Faszination: Freies Spielen

Mit zunehmendem Alter kommen für die Kinder – zusätzlich zur Schule und den damit verbundenen Verpflichtungen – immer mehr Termine hinzu. Termine, zu denen sie pünktlich zu erscheinen haben und bei denen es um Tätigkeiten geht, die von Erwachsenen initiiert werden, sei es Sport, Musik, Ballett o.ä. Ein Beispiel ist auch die Freiwillige Feuerwehr. Das Eintrittsalter dafür liegt je nach Bundesland zwischen 6 Jahren (Thüringen) und 12 Jahren (Bayern). Vor kurzem wurde in Bayern diskutiert, auch hier Kindern bereits ab 6 Jahren den Zugang zur Feuerwehr zu ermöglichen. Natürlich macht es auch schon 6-Jährigen Spaß, bei der Feuerwehr zu sein. Es ist aber ein gravierender Unterschied, ob die 6-Jährigen im freien Spiel „Feuerwehrmann" oder „Feuerwehrfrau" spielen und sich hier herum ihre eigene Phantasiewelt aufbauen. Oder ob sie wieder von einem Erwachsenen angeleitet werden. Die spielerische Feuerwehrübungszeit nimmt Zeit vom *freien Spiel* und das ist gerade in diesem Alter noch durch nichts zu ersetzen (Abb. 5.1 und 5.2).

Wie bereits erwähnt, sind gemeinschaftliche Aktivitäten für Kinder im Schulalter wichtig und stellen auf ihre Art und Weise eine Herausforderung dar. Das Spielen darf deshalb jedoch nicht zu kurz kommen. Es geht um eine gute Balance zwischen übenden Tätigkeiten und dem freien Spiel. Beides ist wichtig. So lernt das Kind beim Fußball im Verein sich an Regeln zu halten und im freien Spiel, die Regeln zu variieren und immer wieder den Bedürfnissen der Mitspieler anzupassen.

**Abb. 5.2** Aus: ‚Ich bin süß, aber ich möchte auch als Bär akzeptiert werden!' (Mit freundlicher Genehmigung © Lappan Verlag Oldenburg, 2017)

**Ein Beispiel**

Der 9-Jährige Jannik spielt seit seinem 7. Lebensjahr aktiv im Sportverein Fußball. Er macht das mit Leidenschaft, spielt sehr gut und wird durch regelmäßiges Training und die dazugehörigen Punktspiele immer besser. Auf diese Weise lernt er immer besser Fußball zu spielen, aber auch Regeln und Disziplin, sowie sich in einer Gemeinschaft Gleichaltriger zu behaupten. Das sind alles wichtige Entwicklungsschritte, die von einem erwachsenen Trainer zielorientiert angeleitet und beaufsichtigt werden.

Am Nachmittag spielt Jannik mit Freunden und seinem zwei Jahre jüngeren Bruder Jonathan Fußball zu Hause im Garten. Das Feld ist hier nicht ein klar umrissenes Gebiet, sondern ein kleiner dafür frei gegebener Gartenbereich, der durch ein Fußballtor, das Jannik zum Geburtstag geschenkt bekommen hat und zwei Büschen, eingegrenzt ist. Bei jedem Spiel wird neu ausgehandelt, wer ist im Tor, wann ist der Ball im Aus, war das jetzt ein Tor oder nicht, ist der Tritt gegen den Unterschenkel versehentlich passiert oder absichtlich. Die Jungen, in diesem Fall sind es alles Jungen, kämpfen mit Feuereifer, es gibt Streit über dies oder jenes, es droht der Spielabbruch, es kommt zur Versöhnung, weil alle doch weiterspielen wollen und Spaß am Spiel haben. Es wird diskutiert, welche Position jetzt der eine oder andere einnimmt, ob das eine Tor evtl. noch etwas weiter versetzt werden soll, wann eine kurze Pause gemacht wird und inwieweit der Nachteil, den der jüngere Jonathan gegenüber dem älteren Jannik und dessen Freunden hat, ausgeglichen werden kann. Die Regeln werden immer wieder neu ausgehandelt. Manchmal kommt es trotz gegenseitiger Bemühungen doch zu einem Spielabbruch, weil eine Einigung über dies oder jenes nicht gelingt. Dann wird am nächsten Tag weitergespielt, als wäre nichts gewesen. Dieses freie Spielen fördert vielleicht nicht so sehr die Ball- und Passtechniken, aber umso mehr die Fähigkeiten zu Kreativität, Kommunikation und Kooperation. Das, was Kang „die Schlüsselqualifikationen für das 21. Jahrhundert" nennt (Kang 2016).

## Bewegungsspiele

Bewegungsspiele sind in diesem Alter für Mädchen und Jungen sehr wichtig. Mit dem Skateboard können sich die Kinder – meistens Jungen – motorisch ausagieren, gleichzeitig Fertigkeiten aneignen und sich in der Gemeinschaft Gleichaltriger behaupten lernen. Aber auch das Fahrradfahren gehört dazu. Einfach losfahren und mal schauen, was man sieht, wen man vielleicht trifft, was für Entdeckungen auf einen warten. Wenn die Kinder ihrem natürlichen Bewegungstrieb folgen dürfen, dann brauchen sie keine organisierte Rückenschule, wie sie durchaus schon an Volkshochschulen für Kinder angeboten wird. Bewegung, insbesondere an der frischen Luft, fördert die Gesundheit des gesamten Organismus, u. a. die Entwicklung der Körper- und Raumwahrnehmung, die geistige Entwicklung, die Steuerung von Verhalten und Gefühlen usw. Dazu gehört natürlich auch der Fußweg zur Schule als ein natürliches Übungsfeld für soziale und körperliche Kompetenzen (Abb. 5.3).

## Rollenspiele oder „Als ob"-Spiele

Neben den Bewegungsspielen aller Art sind *Rollenspiele* weiterhin ein wichtiges Thema. In den Rollenspielen, in denen die Kinder ihre eigene Wirklichkeit inszenieren und sich damit verständlich machen und/oder in den Medien Gesehenes oder Gehörtes nachgestalten, um es zu sortieren und zu verarbeiten, sind sie der Gestalter, der Regisseur. Den Spielvariationen sind in der Phantasie keine Grenzen gesetzt, die Kinder haben auch in diesem

**Abb. 5.3** Springen in die Freiheit (© Lindner)

Alter noch ein unglaublich reiches Phantasieleben, was sich häufig erst in der Pubertät ändert. Genau aus diesem Grund ist es so wichtig, dieser Phantasiewelt in den verschiedensten Spielformen noch genügend Raum zu geben.

Während Kleinkinder das Mitspielen der Eltern oder überhaupt Erwachsener, das „Sich -Einschwingen" in ihre Phantasiewelt unendlich genießen und als Bereicherung erfahren, wollen die Schulkinder lieber unter sich sein. Aufmerksamkeit und Wertschätzung der Eltern für diese wichtigen Rollenspiele werden vom Kind jedoch genau registriert.

Die Überschrift dieses Abschnitts „Batman macht Hausaufgaben" stammt aus einem gleichnamigen Artikel der Süddeutschen Zeitung, der von einer Studie berichtet, nach der Kinder, die sich ein Batman Kostüm anziehen durften, bei einer langweiligen Aufgabe eine längere Ausdauer und Selbstkontrolle aufwiesen als ohne Kostümierung. Interpretiert wurde das so, dass die Kinder durch die Kostümierung eine größere Selbstdistanzierung aufbauen konnten und sich damit besser von den eigenen Begierden – in diesem Fall war es die Versuchung, alternativ am Computer zu spielen -, ablenken konnten. Das stimmt mit den Beobachtungen überein, dass Kinder bei Rollenspielen „vergleichsweise lange imstande sind, auf eine Belohnung zu warten – wahrscheinlich, weil sie die Perspektive ihres fiktiven Charakters einnehmen". Der Artikel schließt mit den Worten: „Vielleicht sollten sich Erwachsene auch ein Kostüm überwerfen, während ihre Kinder für die Schule lernen – wenn das hilft, den Stress besser zu ertragen, wäre es das allemal wert."[1]

---

[1] Süddeutsche Zeitung, 10.10.2017.

Der Kinderarzt Herbert Renz-Polster zitiert ein ähnliches Experiment, in dem Kindern gesagt wurde, sie sollten so lange stillstehen, wie sie nur könnten – im Schnitt schafften sie das gerade zwei Minuten lang. Wenn man ihnen aber sagte, sie seien jetzt Soldaten auf Wache, die strammstehen müssen, dann schafften sie es sieben Minuten! Und er schließt mit den Worten: „Kinder wachsen im Spiel im wahrsten Sinne des Wortes über sich hinaus" (Renz-Polster 2016, S. 85).

Auch negative Eigenschaften wie gemein sein, niederträchtig, böse etc. müssen im Spiel durchgespielt, im Spiel erfahren werden. Das Kind hat ja auch schreckliche, schmerzliche Erfahrungen gemacht, sie gehören zur Welt, sie können nicht ausgeklammert werden. Aber das Kind kann lernen, mit seinen Gefühlen umzugehen und das passiert im Spiel. Aus diesem Grund ist im psychotherapeutischen Rahmen die Spielpsychotherapie der Königsweg, um Kindern zu helfen, verstörende und schädigende emotionale Erlebnisse zu verarbeiten (Weinberger 2015).

Hier eine faszinierende Idee der 9-jährigen Hannah aus der kindertherapeutischen Praxis:

Hannah beklagt sich über die „blöden Hausaufgaben". Sie machten ihr oft so schlechte Laune, dass sie vor Wut „alles auf den Boden pfeffern wollte". Auch die Mutter konnte ihr dann nicht mehr helfen und fühlte sich von den „Ausrastern" ihrer Tochter überfordert. Wenn Frust, Wut und Erschöpfung zusammenkommen, so erkannte Hannah, habe sie keine Möglichkeit mehr, sich mit ihren Gefühlen zu stoppen. Nach einigen Stunden meinte Hannah, die Hausaufgaben seien jetzt besser geworden. Auf die Frage, was passiert sei, meinte sie, sie habe sich in ihrer Phantasie überlegt, dass es, immer wenn „es innerlich zu brodeln beginne", eine nette Lehrerin gebe, die ihr dann gut zuspreche und sie aufmuntere, weiterzumachen. Sie nannte die Lehrerin „Frau Mondschein", denn sie habe ihre Ausbildung auf dem Mond gemacht und speziell gelernt, wie man Kinder bei den Hausaufgaben unterstützen könne.

## Faszination: Regelspiele

Neben den Rollenspielen werden jetzt auch vermehrt *Regelspiele* gespielt. Regelspiele sind Spiele, die nach speziellen Vorgaben gespielt werden und ein bestimmtes Ziel haben, wie zum Beispiel ‚Mensch ärgere Dich nicht',

Monopoly, Kartenspiele etc., Wichtig ist, dass die Regeln auch geändert werden können, es muss nur ein gemeinsamer Konsens darüber bestehen.

Diese Spiele, bei denen alle am gleichen Tisch sitzen und die Kinder den Erwachsenen quasi gleichgestellt sind, weil die Regeln für alle gleich gelten, sind eine große Chance für das Miteinander in der Familie. Stellt sich hier doch der Mikrokosmos Familie facettenreich dar: Wer fängt an, wer will unbedingt gewinnen, wer kann nicht verlieren, wer kann gut verlieren. Wer ist schnell ein Spielverderber, wer hat am meisten Spaß dabei? Wer will Regeln ändern und wie wird damit umgegangen? Wer geht wie geschickt, manipulativ, schummelnd vor? Welche Eigenschaften zeigen sich bei den Mitspielern, die sonst eher versteckt sind?

Bei allem Spaß, den auch Erwachsene dabei haben, sollten diese jedoch bedenken, dass sie immer Vorbild sind und dass Kinder das Verlieren erst lernen müssen und es Erwachsene gibt, die es nie gelernt haben.

> **Spielball Wissen 5.1 – Emotionsregulierung**
> Häufig wird von Schulkindern erwartet, dass sie ihre Gefühle, insbesondere Wut, Angst und Traurigkeit gut kontrollieren können. Aber die Regulierung der eigenen Gefühle ist eine Fähigkeit, die langsam erlernt werden muss. Das Spiel bietet den Kindern die Möglichkeit, ihre Gefühle auszuleben und zu lernen, sie zu regulieren. Sie brauchen hier, wie Gabriele Pohl es formuliert: „den wachen, einfühlsamen Erwachsenen, der auch wilden und lauten Spielen ihren Platz gewährt". Im Spiel haben sie die Möglichkeit, Angst, Wut, Enttäuschung und Traurigkeit auszudrücken, ohne mit Konsequenzen in ihrem realen Leben rechnen zu müssen. Im „Als ob"- Spiel werden beängstigende, verletzende und schwierige Erlebnisse immer wieder durchgespielt und verlieren so an belastender Intensität. Kinder wissen genau, was sie zur Bewältigung ihrer Anspannung brauchen. So betont Pohl: „Was man daraus aber für den Alltag lernen kann, ist, dass man die Spiele der Kinder nicht danach bewerten sollte, wie „schön" gerade gespielt wird". (Pohl 2014, S. 68)

Hier ein Beispiel, wo Kinder zusammen mit ihren Eltern üben können:

Als „echte Alternative zum Fernseher und Computer" wirbt der „Ali Baba Spieleclub e. V." für seine Spielenachmittage. Hier können sich interessierte Familien verschiedene Spiele zeigen lassen, selbst ausprobieren und Anregungen für gemeinsames Spielen oder Geschenkideen holen. Die

Organisatoren weisen auf den Wert dieser Beschäftigung hin: „Spielen ist eine der sinnvollsten Freizeitbeschäftigungen für Erwachsene, erst recht zusammen mit Kindern: Bei Spiel und Spaß können mehrere Generationen zusammen an einem Tisch etwas erleben, und nicht nur die Kinder haben die Möglichkeit, ganz nebenbei allerhand zu erlernen. Es gibt zwischenzeitlich Spiele, die alle Bereiche der kindlichen Entwicklung fördern"[2]

---

**Exkurs: Regelspiel versus Rollenspiel**

Das Faszinierende an *Regelspielen* ist die gemeinsame Absprache aller Mitspielenden. Regeln geben Sicherheit vor willkürlichen Entscheidungen, sind für alle gleich gültig und vereinfachen die Spielbeteiligung ungemein. Ein Volleyballspieler weiß, dass er an jedem Strand der Welt, in jeder Sporthalle der Welt, einfach so mitspielen kann – sofern er vom Spielniveau in eine Mannschaft passt. Kinder schätzen diese Spielform mit Regeln in ihrer Familie genau deshalb, sie finden Spaß, Entspannung und Zusammengehörigkeit in einem gut abgesteckten Rahmen, da nicht jedes Mal alles ausdiskutiert werden muss.

Das Faszinierende an *Rollenspielen* ist das Schöpfen aus den individuellen Fähigkeiten und Phantasievorstellungen der Mitspielenden, das Hineinschlüpfen in eine Rolle, sich darin auszuprobieren und zu üben – und gleichzeitig keine Konsequenz im Alltagsleben befürchten zu müssen. Der Schauspieler schminkt sich ab, schlüpft in seine Alltagskleidung – und ist wieder die Privatperson.

---

An folgendem Beispiel – es erinnert ein wenig an den Film „Lola rennt" – sehen wir, wie sich ein gemeinsames Spiel völlig unterschiedlich entwickeln kann:

**Szene 1:** Vincent, Florian, Tamara und Korbinian, 10/11- jährige Klassenkameraden, treffen sich im großen Garten von Florian zum Spielen. Ganz weit hinten steht ein altes Gartenhäuschen, von dem die Kinder wie magisch angezogen werden.
**Szene 2:** Sie finden darin altes Werkzeug, Gartengeräte, viele alte Säcke mit Bauschutt – und eine große alte Holzkiste, in der sich Schnüre, Haken, Kohlensäcke und Klebebänder befinden.
**Szene 3:** „Lasst uns doch Robin Hood spielen und ein Baumhaus bauen!" Gesagt, getan. Alle vier Kinder packen mit an, sie verschwinden im „Sher-

---

[2]Ali Baba Spieleclub e. V. Deutschlands größter Verein für Gesellschaftsspiele https://www.ali-baba-spieleclub.de/.

wood Forest" und werden erst wiedergesehen, als die Mutter zum Abendessen ruft.

**Szene 4:** Die Kinder verabschieden sich, erschöpft und müde, aber völlig zufrieden über den Nachmittag und verabreden sich für den folgenden Tag, an dem das Abenteuer in die Fortsetzung geht.

*oder:*

**Szene 1:** s. oben;

**Szene 2:** wie oben, jedoch kommt plötzlich die Mutter Florians herein und sagt: „Geht ja nicht an die Holzkiste, da schimpft euch der Papa von Florian!"

**Szene 3:** Die Kinder sind irritiert, fühlen sich beobachtet und beginnen einen kleinen Streit darüber, ob man nicht doch mal hineinschauen sollte in die Kiste oder lieber nicht. Während sich Florian und Korbinian trauen und die Dinge nach der Begutachtung wieder fein säuberlich verstauen, verschwinden Tamara und Vincent in den Garten und streiten sich, wer als erstes schaukeln darf.

**Szene 4:** Nach kurzer Zeit verabschieden sich die beiden, weil sie noch ein wenig Radfahren möchten, Florian und Korbinian gehen ins Haus (mit einem schlechten Gewissen) und fragen die Mutter, ob sie noch bis zum Abendessen auf der Playstation spielen dürfen.

**Fazit:**

Für die Kinder im Schulalter sind *beide Spielbereiche* mit ihren unterschiedlichen Gewichtungen wichtig. Dafür zu sorgen, dass auch für das freie Spiel noch genügend Zeit bleibt, ist die Aufgabe der Eltern und der Betreuungspersonen in Tageseinrichtungen.

## Faszination: Freies Gestalten

Beim freien Gestalten geht es darum, mit verschiedenen Materialien etwas darzustellen und damit dem inneren Erleben des Kindes zum Ausdruck zu verhelfen.

Kinder haben da individuelle Vorlieben, mit welchem Material sie bevorzugt arbeiten, sei es Tonerde, Holz aus dem geschnitzt wird, Bastel- und Malsachen oder sog. „wertloses" Material, d. h. was Kinder in der Natur oder im Haushalt sammeln und aufheben. Dabei ist der Weg das Ziel, d. h., das schöpferische Tun an sich ist das Wesentliche, was dieses Gestalten als *Spiel* charakterisiert, nicht das Ergebnis.

## Faszination: Rezeptionsspiel

Der Begriff Rezeptionsspiel stammt von der Entwicklungspsychologin Charlotte Bühler (1893–1974). Zu dieser Spielform gehört die passive Form des Aufnehmens: Lesen bzw. etwas vorgelesen bekommen, mit Kindern Bücher anschauen, Märchen und Geschichten anhören oder Filme zusammen anschauen. Dies ist immer im *Beziehungsfeld* zu sehen, d. h., die Anwesenheit einer Bezugsperson, die Stimme der Vorleserin, des Märchenerzählers spielen eine große Rolle, sowie das Erleben mit anderen.

Bücher lesen oder hören wird für die Kinder mit zunehmendem Schulalter immer interessanter. Auch dazu braucht es freie Zeit. Neben der sehr guten, alle kindlichen Themen behandelnden Kinderliteratur, die auf dem Markt erhältlich ist, sind auch Märchen und das Erzählen von Märchen immer noch faszinierend für Kinder. So faszinierend, dass sie in ihrer Entwicklung – nur vom Märchenhören – mühelos diverse Fähigkeiten erlernen können.

### Zwei Beispiele

In Berliner Brennpunktschulen, in denen mehrheitlich Kinder mit Migrationshintergrund unterrichtet werden, wurde von Kristin Wardetzky, Hochschullehrerin und professionelle Märchenerzählerin, und ihren Mitarbeiterinnen das Schulprojekt „Sprachlos?" durchgeführt. Zwei Jahre lang wurden den Erst- und Zweitklässlern Märchen erzählt. Diese Märchen wurden spielerisch erzählt, d. h., mit deutlicher Mimik und Gestik untermalt, es gab aber keine schauspielerische Darstellung. Anfangs stellten sich fast unüberwindliche Schwierigkeiten ein. Nicht nur, dass die Kinder mehrheitlich die gesprochenen Worte nicht kannten und ihnen auch eine Erzählkultur weitgehend unbekannt war (auch den deutschen Kindern an diesen Schulen).

Als ganz großes Hindernis stellte sich heraus, dass die Kinder in ihrer Imaginationsfähigkeit blockiert waren. Ihre Phantasie war besetzt mit medial vorgefertigten – meist gewalttätigen – Bildern, die sie zu Hause im Fernseher oder auf dem Computer gesehen hatten. Sie hatten massive Schwierigkeiten, Gelesenes und Gehörtes in eigene Vorstellungen und Bilder zu übersetzen.

Diese Imaginationsfähigkeit ist aber Voraussetzung dafür, dass Gehörtes oder Gelesenes überhaupt beim Leser „ankommt". Nur mit dieser Imaginationsfähigkeit können die Kinder Zugang zur Literatur und damit zu herkömmlicher Bildung bekommen. Langsam lernten die Kinder jedoch immer genauer *zuzuhören* statt nur mit einem Ohr hinzuhören, was sie vom häuslichen Alltag her gewohnt waren und was sich beim Lernen naturgemäß nachteilig auswirkte. Insgesamt waren die Kinder mit der Zeit in der Lage, einem poetischen Text aus einer ganz anderen Erlebnis- und Erfahrungswelt 40 Min. lang konzentriert zuzuhören. Gleichzeitig zeigte sich ein deutlicher Zuwachs an sprachlichen Fertigkeiten, an Konzentration, Kreativität und Phantasie. So konnten sie jetzt selber phantasievolle Geschichten in einer vielfältigen, bildhaften Sprache erzählen (Wardetzky und Weigel 2010).

Ausgehend von diesem Projekt entstand in Berlin das erfolgreiche Projekt „ErzählZeit", das Erzählangebote an Schulen und Kindertagesstätten richtet (www.erzaehlzeit.de).

Dies wiederum inspirierte die Münchner Geschichtenerzählerin Cordula Gerndt, sich mit ihrem Angebot „ERZÄHLREISE – mit Geschichten um die Welt" an Schulen zu wenden. Gemeinsam geht sie mit den Schülerinnen und Schülern auf Reisen, erzählt internationale Märchen und entwickelt mit den Kindern auch eigene Geschichten. Denn, wie sie schreibt: „Geschichten bauen Brücken – zum eigenen Selbst, zur Vergangenheit, zu den Wurzeln einer Gemeinschaft, zu anderen Menschen und Kulturen. Wer Geschichten erzählt, teilt sich mit, lernt zuzuhören, entwickelt Fantasie und kann sich gestisch, mimisch und sprachlich ausdrücken. Erzählen ist in Zeiten kultureller Vielfalt ein unerlässliches Mittel der Verständigung." Und weiter: „Ich schaffe einen Raum, in dem die Kinder ‚nichts müssen', in dem es keine Benotung gibt, in dem Entspannung, Zuhören, Dabeisein, Lachen, Mitfiebern, Abenteuer erleben, Fantasieren, Nachdenken, Quatsch machen, Fragen stellen, Antworten suchen, Nähe, Kontakt, Miteinander, Meinungsvielfalt … möglich ist. Und die Kinder nehmen das sehr dankbar an" (www.geschichtenpraxis.de).

## Faszination: Frei-Räume

Während früher Kinder nach der Schule viel draußen spielten, nicht in Sichtweite der Eltern und dort ihre Freiräume hatten, wird dies draußen Herumstromern immer weniger. Zum einen, weil durch dichte Bebauungen weniger Raum zur Verfügung steht, weil die gefühlte Gefährdung der Kinder, wenn sie unbeaufsichtigt unterwegs sind, zugenommen hat und weil die Kinder viel mehr Termine als früher haben. Dazu kommt die Einführung der Ganztagsschule, die weiter voranschreitet. Wenn es auch im Rahmen der Schule unmöglich ist, dass Kinder ganz unbeaufsichtigt tun und lassen, was sie wollen, so sollte es doch möglich sein, im Rahmen der Schule Freiräume zu schaffen, in denen die Kinder – wenn möglich draußen – aber auch drinnen frei spielen können. Nachfolgend eine mutige Idee von Oggi Enderlein (Abb. 5.4):

**Abb. 5.4** Die Welt erkunden (© Weinberger)

„Wie wäre es, wenn jede Klasse in den ersten vier Schuljahren einen Vor- oder Nachmittag oder einen ganzen Tag pro Woche (jawohl pro Woche, nicht pro Jahr!) ohne vorgegebenes Lehr- und Wanderprogramm bei freiem Spiel und Spaß an einem bestimmten Platz in Feld, Wald und Wiesen verbringen würde? Oder bei schlechtem Wetter in Räumen, die groß genug sind, um frei erfundenes Theater, Bewegungs-, Geschicklichkeits- oder sonstige Spiele zu spielen und die Requisiten selbst herzustellen, die für die Spiele gebraucht werden – so wie es Kinder heute noch in natürlicheren Lebenswelten außerhalb der Schulzeit tun. Wie wäre es, wenn die Pädagogen an diesem halben Tag nur bei Bedarf Anregungen zu Spielen und Beschäftigungen geben würden? Wenn sie ihre Aufgabe darin sehen könnten, den Kindern mit Material, Tipps und Regelvorschlägen weiterzuhelfen, wenn die Kinder es brauchen, und im Wesentlichen nur als Grenzwächter in der Nähe zu sein?" (Enderlein 2001, S. 195/196).

Wenn es gelingt, solche Spiel- und Freiräume zu schaffen, z. B. auf Schulhöfen oder Spielplätzen, brauchen die Eltern keine Entspannung und Meditation für die Kinder zu kaufen und Schulbehörden müssen keine Entspannungsmodule für Grundschulkinder ausarbeiten lassen. Die Kinder werden ganz von selbst ausgeglichener und gelassener sein.

## Faszination: Natur

Jetzt ist nicht mehr so intensiv das Verschmelzen mit der Natur im Vordergrund, sondern etwas über sie zu erfahren, mit ihr etwas zu machen, zu gestalten. Enderlein schreibt „Es gibt keinen Ersatz für das Gefühl, im Wipfel eines Baumes zu sitzen, der sich im Wind hin- und her biegt und von dort oben eine vollkommen andere Welt zu erleben, als man sie vom Boden her kennt. Nichts wiegt das Gefühl auf, irgendwo versteckt ein fein gepolstertes Lager zu haben, in dem man alle gemopsten Lebensnotwendigkeiten hortet, in das man sich hinein- und hinausstehlen muss, ohne gesichtet zu werden. Und nichts entspricht der unvergleichlichen Mischung aus Angst, Stolz und Glück am heimlich entfachten Feuer (ebd. S. 112)" (Abb. 5.5).

Faszinierend sind alle Entdeckungen in der Natur und auch die außergewöhnlichen Erscheinungen wie Vulkane, Gewitter, Mondfinsternis etc.

> „Als wir Kinder waren, hatten wir auch ein soziales Netzwerk. Man nannte es draußen."
> (Quelle unbekannt)

Abb. 5.5 Natur begeistert auch in dieser Altersstufe (© Weinberger)

## Faszination: Rituale, Sammel- und Geheimwelten

Sind Kleinkinder noch beglückt, wenn sie Eicheln oder Kastanien aufgehoben haben und diese mit nach Hause nehmen dürfen, so entstehen jetzt wahre Sammelleidenschaften und es kommt der Wettbewerb dazu. Wer hat wie viele Ninjago-Karten, Fußballbilder, Pokemonkarten etc., Diese Wettbewerbe haben spielerischen Charakter, mal gewinnt der eine, mal der andere.

Kindheitsrituale, in der Gemeinschaft oder auch allein, bekommen immer mehr Bedeutung. Abergläubische Regeln, wie „nie unter einer Leiter hindurchgehen", Zählvorgänge, wie z. B. Zählen von Nummernschildern mit bestimmten Kennzeichen, sich wiederholende Handlungen, wie über bestimmte Steinplatten auf dem Boden hüpfen, zählen dazu. Witze und Rätsel, aber auch Kunststücke, wie z. B. Schielen, Grimassen schneiden, Fingerspiele, auch Zungenbrecher, stellen wichtige Bestandteile der Kinderkultur und des Zusammenspiels mit Gleichaltrigen, aber auch in der Interaktion mit Erwachsenen dar. Ab etwa 9 Jahren beginnt die Entwicklung von Geheimsprachen und Geheimschriften, was ein Kennzeichen für Gruppenzugehörigkeit darstellt.

Die Spiele, Fertigkeiten, Rituale und auch die Sammelleidenschaft dieser Altersstufe vermitteln dem Kind die Vorstellung eigener magischer Gewalt über eine Realität, die ansonsten unbeherrschbar wäre. Diese Kinderkultur dient als Stütze beim Durchlaufen dieser Entwicklungsphase und gibt dem Kind emotionale Kraft in der Auseinandersetzung mit den zahlreichen positiven aber auch negativen Erfahrungen (Stone und Church 1991).

## Faszination: Schule und Leistung

Der Entwicklungspsychologe Erik H. Erikson (1902–1994), der ein bis heute sehr anerkanntes Stufenmodell der menschlichen Entwicklung ausarbeitete, bezeichnete die Phase der mittleren Kindheit als „Werksinn gegen Minderwertigkeitsgefühl". Damit weist er auf das große Bedürfnis des Kindes hin, nützlich zu sein, Aufgaben selbstständig zu erledigen und selbst etwas zu schaffen. Es möchte etwas (gut) machen, entwickelt „die Lust an der Vollendung eines Werkes durch Stetigkeit und ausdauernden Fleiß" (Erikson 1966, S. 102). Die Schule greift dieses Bedürfnis des Kindes auf und prägt damit maßgeblich das sich entwickelnde Selbstkonzept. Scheitert das Kind an den an es herangetragenen Aufgaben, z. B. durch eine Lese- und Rechtschreibstörung (Legasthenie), oder werden die von ihm geleisteten Aufgaben von seiner Umwelt nicht entsprechend anerkannt, stellt sich ein Gefühl von Unzulänglichkeit und Minderwertigkeit ein. Ein schulisches Versagen ist in dieser Zeit der Selbstkonzeptentwicklung zutiefst demütigend und verunsichernd.

Beobachten Sie also ihr Kind mit einem milden Blick und schauen Sie, was es in der Schule faszinierend findet. Helfen Sie dem Kind, genau das auszubauen. Denn hier liegen seine Stärken und seine Lernmotivation. Geben Sie genau diesem Teilaspekt ein besonders Gewicht, sei es Sport, Musik, Theater, Handwerken oder ähnliches. Wenn das Kind in einem Fach gut ist und dafür genügend Anerkennung bekommt, dann wirkt sich das auf den ganzen Bereich Schule aus. Umgekehrt, wenn Ihr Kind der Schule den ersten Stellenwert einräumt und leistungsmäßig sehr gut ist, dann schauen Sie, was es außerhalb der Schule auch noch faszinierend findet und unterstützen Sie das ohne Leistungsgedanken, um dem Kind eine breitere Basis zum Glücklichsein zu verschaffen.

Ein großer „Faszinationskiller" ist die Angst; entscheidend für das Lernen und langfristiges Behalten sind immer damit verbundene positive Gefühle, wie die Gehirnforschung deutlich aufzeigen kann.

„Mit großer Angst und unter Druck zu lernen, kann zwar rasches Lernen bewirken, ist jedoch kognitiven Prozessen nicht förderlich und verhindert zudem genau das, was beim Lernen erreicht werden soll: die Verknüpfung des neu zu Lernenden mit bereits bekannten Inhalten und die Anwendung des Gelernten auf viele Situationen und Beispiele." (Spitzer 2002, S. 157 ff.)

Auf der anderen Seite beschreibt der Hirnforscher Gerald Hüther eindrücklich, wie Begeisterung buchstäblich „Dünger fürs Gehirn" (Hüther 2016, S. 92 ff.) ist, indem eine Vielzahl von neuronalen Netzwerken verstärkt und ausgebaut werden, in dem Moment, wo uns etwas wichtig ist, wo wir begeistert oder fasziniert sind.

Kinder brauchen gerade in dieser Zeit, in der Leistung, speziell Schulleistung, eine so wichtige, das Selbstbild prägende Rolle, eingenommen hat, eine Bestätigung und eine Würdigung ihrer Anstrengung in allen Lebensbereichen. Lesen Sie, was Rachel Naomi Remen von ihrem heiß geliebten Großvater schreibt:

**Der Segen meines Großvaters**

„Wenn ich an den Freitagnachmittagen nach der Schule zu meinem Großvater zu Besuch kam, dann war in der Küche seines Hauses bereits der Tisch zum Teetrinken gedeckt. Mein Großvater hatte seine eigene Art, Tee zu servieren. Es gab bei ihm keine Teetassen, Untertassen oder Schalen mit Zuckerstückchen oder Honig. Er füllte Teegläser direkt aus einem silbernen Samowar.

Man musste zuerst einen Teelöffel! in das Glas stellen, denn sonst hätte das dünne Glas zerspringen können. Mein Großvater trank seinen Tee auch nicht so, wie es die Eltern meiner Freunde taten. Er nahm immer ein Stück Zucker zwischen die Zähne und trank dann den ungesüßten heißen Tee aus dem Glas. Und ich machte es wie er. Diese Art, Tee zu trinken, gefiel mir viel besser als die Art, auf die ich meinen Tee zu Hause trinken musste. Wenn wir unseren Tee ausgetrunken hatten, stellte mein Großvater stets zwei Kerzen auf den Tisch und zündete sie an. Dann wechselte er auf Hebräisch einige Worte mit Gott. Manchmal sprach er diese Worte laut aus, aber meist schloss er einfach die Augen und schwieg. Dann wusste ich, dass er in seinem Herzen mit Gott sprach. Ich saß da und wartete geduldig, denn ich wusste, jetzt würde gleich der beste Teil der Woche kommen. Wenn Großvater damit fertig war, mit Gott zu sprechen, wandte er sich mir zu und sagte: „Komm her, Neshume-le." Ich stellte mich dann vor ihn hin und er legte mir sanft die Hände auf den Scheitel. Dann begann er stets, Gott dafür zu danken, dass es mich gab und dass Er ihn zum Großvater gemacht hatte. Er sprach dann immer irgendwelche Dinge an, mit denen ich mich im Verlauf der Woche herumgeschlagen hatte, und erzählte Gott etwas Echtes über mich. Jede Woche wartete ich bereits darauf zu erfahren, was es diesmal sein würde. Wenn ich während der Woche irgendetwas angestellt hatte, dann lobte er meine Ehrlichkeit, darüber die Wahrheit gesagt zu haben. Wenn mir etwas misslungen war, dann brachte er seine Anerkennung dafür zum Ausdruck, wie sehr ich mich bemüht hatte. Wenn ich auch nur kurze Zeit ohne das Licht meiner Nachttischlampe geschlafen hatte, dann pries er meine Tapferkeit, im Dunkeln zu schlafen. Und dann gab er mir seinen Segen und bat die Frauen aus ferner Vergangenheit, die ich aus seinen Geschichten kannte – Sara, Rahel, Rebekka und Lea –, auf mich aufzupassen. Diese kurzen Momente waren die einzige Zeit während meiner ganzen Woche, in der ich mich völlig sicher und in Frieden fühlte. In meiner Familie der Ärzte und Krankenschwestern rang man unablässig darum, noch mehr zu lernen und noch mehr zu sein. Da gab es offenbar immer noch etwas mehr, das man wissen musste. Es war nie genug. Wenn ich nach einer Klassenarbeit mit einem Ergebnis von 98 von 100 Pluspunkten nach Hause kam, dann fragte mein Vater: „Und was ist mit den restlichen zwei Punkten?" Während meiner gesamten Kindheit rannte ich unablässig diesen zwei Punkten hinterher. Aber mein Großvater scherte sich nicht um solche Dinge. Für ihn war mein Dasein allein schon genug. Und wenn ich bei ihm war, dann wusste ich irgendwie mit absoluter Sicherheit, dass er Recht hatte. Mein Großvater starb, als ich sieben Jahre alt war. Ich hatte bis dahin nie in einer Welt gelebt, in der es ihn nicht gab, und es war schwer für mich, ohne ihn zu leben. Er hatte mich auf eine Weise angesehen, wie es sonst niemand tat, und er hatte mich bei einem ganz besonderen Namen genannt – „Neshume-le", was „geliebte kleine Seele" bedeutet. Jetzt war niemand mehr da, der mich so nannte. Zuerst hatte ich Angst, dass ich, wenn er mich nicht mehr sehen und Gott erzählen würde, wer ich war, einfach verschwinden würde. Aber mit der Zeit begann ich zu begreifen, dass ich auf irgendeine geheimnisvolle Weise gelernt hatte, mich durch seine Augen zu sehen. Und dass einmal gesegnet worden zu sein, heißt, für immer gesegnet zu sein. Viele Jahre später, als meine Mutter in hohem Alter überraschenderweise begann, selbst Kerzen anzuzünden und mit Gott zu sprechen, erzählte ich ihr von diesen Segnungen und was sie mir bedeutet hatten. Da lächelte sie traurig und sagte zu mir: „Ich habe dich an jedem Tag deines Lebens gesegnet, Rachel. Ich habe nur nicht die Weisheit besessen, es laut auszusprechen". (Remen 2002, S. 30/31)

Schauen Sie daher nicht auf den schwarzen Punkt, sondern auf die große, den Raum füllende weiße Fläche:

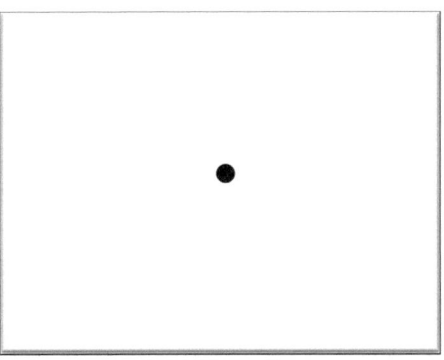

## Faszination: Grenzen austesten

Im Unterschied zu Jugendlichen stellen Kinder in der Regel die Grenzen noch nicht infrage, sondern wollen sie austesten. Sie stellen die Frage: „Wie weit kann ich gehen – wie weit lasst ihr mich gehen, ehe ihr mich zurückhaltet? Wie weit ist die Welt und wo endet sie, in der ich mich frei, ungefährdet, eigenverantwortlich bewegen kann" (Enderlein 2001, S. 164). Sie wollen noch von den Eltern gehalten werden, das ist das Entscheidende.

Man unterscheidet zwischen persönlichen Grenzen („ich möchte jetzt gerade mit dir keine Kissenschlacht machen, vielleicht hat Papa später Lust!") und gemeinschaftlichen Grenzen („Du weißt, dass wir uns in unserer Familie verabschieden, wenn wir das Haus verlassen."). Das Kind muss lernen, dass es Regeln, Normen und Grenzen gibt, die unverrückbar sind und eine Konsequenz beim Übertreten zur Folge haben. Andererseits gibt es zwischenmenschliche Absprachen, was der eine oder andere lieber hat und was den Eltern wirklich wichtig ist, und ein Kind muss lernen, diese Eigenarten zu respektieren. In der Jugendzeit werden diese Werte dann infrage gestellt, und der Jugendliche muss dann auch mit einbezogen werden. Sagen Sie also nicht „das ist mir egal", um der Situation aus dem Weg zu gehen. Das Kind, später der Jugendliche, muss gerade in der Grenzsituation erleben, dass Sie Ihre Werte durchsetzen, und gerade an der Grenze möchte der Mensch wahr- und ernst genommen werden.

Bei unanständigen Wörtern, die gerade auch in diesem Altersabschnitt hoch im Kurs sind, geht es darum, auf der einen Seite die eigene persönliche Grenze deutlich zu machen und klar Position zu beziehen und auf der anderen Seite spielerisch damit umzugehen, z. B. „Hier im Haus möchte ich das nicht hören, im Baumhaus könnt ihr euch diese Wörter um die Ohren hauen;" oder „Wer findet in 5 min die besten Schimpfwörter – aber dann ist Schluss". Entscheidend ist, dass Kinder trotz der Grenze bzw. klaren ‚Ansage' nie das Gefühl bekommen, dass dies an der Liebe zu ihnen rütteln könnte.

## Faszination: Digitale Medien

Kinder streben nach starken Eindrücken, brauchen aber dennoch übersichtliche Umwelten, in denen sie sich zurechtfinden können. Hier liegen der Reiz und gleichzeitig die Gefahr der Medien. Kinder werden durch sie fasziniert, denn das Fernsehen, die Computerindustrie, sie alle versuchen, das, was Kinder fasziniert, in ihre Filme und Spiele einzubauen. Sorgfältige Recherchen von Psychologen gehen daher der Entwicklung eines Produktes voraus.

Kein Wunder, dass Kinder fasziniert sind von dem, was sie da zu Gesicht bekommen. Die Computerspiele haben dazu noch den Vorteil, dass eine sofortige Rückmeldung über das Verhalten erfolgt und das Kind weiterkommen kann. Von Level zu Level und damit eine Selbstwert- und Kompetenzstärkung erfährt. Ein Nachteil ist, dass bei diesen Erfahrungen nicht alle Sinne einbezogen sind, wie zum Beispiel bei einer echten Verfolgungsjagd draußen in der Natur oder auch nur in der Wohnung von Zimmer zu Zimmer. Den weit größeren Nachteil sehen wir in diesem Alter darin, dass die Spiele die Kinder so fesseln, dass sie zu viel Zeit damit verbringen, wenn Eltern nicht konsequent auf eine Zeitbegrenzung achten.

Es fehlt den Kindern dann Zeit für das freie Spiel, für die Ausgestaltung der freien Zeit ganz allein mit ihrer Phantasie, um ganz eigene Spielideen und Ziele zu entwickeln. Aus Langeweile etwas entstehen zu lassen, diese Herausforderung sollte man Kindern nicht abnehmen. Jetzt ist die Zeit, wo sie lernen können, sich etwas auszudenken, ihrer angeborenen Kreativität Raum zu geben, statt sie verkümmern zu lassen. Diese Gefahr ist tatsächlich gegeben. Die einzelnen Funktionen und neuronalen Verbindungen unseres Gehirns werden gestärkt und ausgebaut, wenn sie benützt und trainiert werden. Sie verkümmern jedoch, wenn sie nicht gebraucht oder aktiviert werden. Man spricht hier vom „Use it or lose it"-Prinzip.

Wichtig ist auch immer daran zu denken, dass es keine einflusslosen Bilder gibt. Sie „machen" immer etwas mit dem Kind: sie lösen Gefühle aus, beeinflussen Gedanken und Einstellungen, verstärken Verhaltensweisen und schaffen Scheinrealitäten, die für die Kinder jedoch sehr real sind. Und durch Fernsehsendungen und auch ungeeignete Computerspiele nehmen Kinder immer uneingeschränkter und lückenloser am Erwachsenenleben teil. Und damit werden auch alle Formen von Gewalt und Sexualität offen gelegt. Der Medienwissenschaftler Neil Postman (1931–2003) hat dies bereits in den 80er Jahren des letzten Jahrhunderts mit dem Satz zusammengefaßt: „Kinder erhalten Antworten auf Fragen, die sie nie gestellt haben" (Postman 1982, S. 95).

Die digitalen Medien gehören in die heutige Welt und Kinder müssen den Umgang damit lernen, wie wir im Abschnitt „Reale versus virtuelle Spielewelt" erläutert haben. Richtig angewendet können sie Kindern vielfältige neue Erfahrungen vermitteln, wenn sie z. B. mit dem Smartphone Naturgeräusche sammeln, erste Filme drehen, gut aufbereitete Spiele spielen oder informative Sendungen anschauen.[3]

Entscheidend sind allein die sorgfältige Auswahl und die Zeitbegrenzung, damit die Kinder in dieser vielfältigen digitalen Welt nicht sich selbst überlassen sind. Das ist eine der größten Herausforderungen der jetzigen Elterngeneration. Eine gute Idee ist der Auerbach-Stiftung mit ihrer „Handybett-App" gelungen, die man kostenlos herunterladen kann. Hiermit kann man für die ganze Woche „Schlafzeiten" des Handys einspeichern und Kinder an handyfreie Zeiten gewöhnen.

Ein Beispiel für die Verknüpfung von Computerspielen und Lesen ist mit den BIOMIA Abenteuer-Romanen gelungen. Das Konzept verbindet Buch und Computerspiel so eng wie nie zuvor: „Ian spielt gerne Minecraft, so wie viele seiner Freunde. Aus Neugier beschließt er, an einem Virtual-Reality-Experiment teilzunehmen. Doch ein Zwischenfall lässt das Experiment scheitern – Ian bleibt in der virtuellen Welt gefangen. Er erwacht in „BIOMIA – einer eckigen digitalen Welt". Das Multiplayer-Online-Rollenspiel kann der Spieler nur bestehen, wenn er die fesselnden Geschichten der Romane gelesen hat, denn dort findet er die notwendigen Hinweise (www.biomia.de).

---

[3]GEO-kompact 47, S. 134.

**Auf den Punkt gebracht**

- Schulkinder brauchen genug Spiel- und Freiräume, um dem nachgehen zu können, was sie fasziniert. Ebenso sind sie fasziniert von Regelspielen, die sie am liebsten zusammen mit den Erwachsenen spielen.
- Schulkinder brauchen in Bezug auf die digitalen Medien zeitliche und inhaltliche Grenzen von außen, da sie diese in der Regel noch nicht selbst ziehen können.
- Gerade wenn Kinder Schule nur „super doof" finden, lohnt es sich zu schauen, ob es nicht doch etwas gibt, was sie im Rahmen der Schule fasziniert. Und das sollte man vorbehaltlos unterstützen, denn was das Kind als bedeutsam empfindet, das führt zu wichtigen Erfolgserlebnissen.
- Die Geschäftswelt nutzt die Faszination der Kinder dieser Altersgruppe. Dem gilt es in Familie und Schule kritisch zu begegnen.

**Ja, aber** – „Wenn ich meinem Kind ein bestimmtes Programm oder Computerspiel verbiete, dann kommt sofort – mit entsprechender Empörung – dass der Lasse oder Hannes genau dieses Computerspiel spielen darf".

Kinder vergleichen sich mit anderen, „der hat auch", „der darf auch"; dies ist ein gutes Zeichen, dass Ihr Kind sich nach außen orientiert und selbstständiger wird. Dem gegenüber erwarten die Kinder aber auch, dass Sie als Eltern Ihre Wertevorstellungen klar und deutlich zum Ausdruck bringen und auch mal „Nein" sagen können.

Wenn Sie Probleme haben, dass Ihr Kind sich für nichts begeistern kann, an nichts Freude hat oder sich zu sehr isoliert, dann scheuen Sie sich nicht, Hilfe in Anspruch zu nehmen. Es gibt in jeder Stadt, in jedem Landkreis Beratungsstellen für Kinder, Jugendliche und deren Eltern. Diese Beratungsstellen sind kostenlos. Die Bundeskonferenz für Erziehungsberatung (bke) bietet auch professionelle Beratungsangebote über das Internet an (www.bke-elternberatung.de). Auch werden in vielen Städten Elternkurse angeboten, z. B. „Starke Eltern – Starke Kinder" vom Kinderschutzbund oder die ‚Personzentrierte Elternschule' (www.gwg-ev.org/beratung/elternschule).

Weitere Internet Plattformen sind z. B.: „Tipps für Familien" von Dr. Hermann Scheuerer-Englisch (www.you-tube.de) oder „die Familienwerkstatt" (www.familylab.de), die neben der online-Beratung auch Vorträge und Workshops für Eltern, Firmen und Schulen anbietet.

In der interessanten Broschüre „Battlefield Home" finden Kinder und Eltern „Anregungen für Friedensgespräche im Konfliktfeld Computerspiele". Sie kann unter www.return-mediensucht.de erworben werden.

## Gedankenspiele

- Was fasziniert die Kinder, mit denen ich zu tun habe?
- Was hat mich selber in dem Alter fasziniert?
- Beobachte ich Unterschiede zwischen Mädchen und Jungen?
- Inwieweit teile ich die Faszination der Kinder?
- Wo greife ich regulierend ein? Wann wird es mir zu viel?
- Wie viel Zeit widme ich mich der Faszination des Kindes?

## Bücherkiste

- Bauer, Joachim (2019): Wie wir werden, wer wir sind – die Entstehung des menschlichen Selbst durch Resonanz. München: Blessing.
- Bergmann, Wolfgang & Hüther, Gerald (2007): Computersüchtig. Kinder im Sog der modernen Medien. 4. Auflage. Düsseldorf: Patmos.
- Bleckmann, Paula & Leipner, Ingo (2018): Heute mal bildschirmfrei: Das Alternativprogramm für ein entspanntes Familienleben. München: Knaur.
- Elschenbroich, Donata (2002): Weltwissen der Siebenjährigen: Wie Kinder die Welt entdecken können. München: Goldmann
- Feibel, Thomas (2017): Jetzt pack' doch mal das Handy weg! Wie wir unsere Kinder von der digitalen Sucht befreien. München: Ullstein.
- Fritz-Schubert, Ernst (2010): Schulfach Glück. Wie ein neues Fach die Schule verändert. Freiburg: Herder.
- Graf, Danielle & Seide, Katja (2018): Das gewünschteste Wunschkind aller Zeiten treibt mich in den Wahnsinn: Gelassen durch die Jahre 5–10. Weinheim: Beltz.
- Greiner, Lena (2017): Verschieben Sie die Deutscharbeit – mein Sohn hat Geburtstag! Von Helicopter-Eltern und Premium-Kids. Berlin: Ullstein TB.
- Largo, Remo & Beglinger, Martin (2010): Schülerjahre: Wie Kinder besser lernen. München: Piper.
- Römer, Felicitas (2011): Arme Superkinder. Weinheim u. Basel: Beltz.
- Schiffer, Eckhard (2001): Der kleine Prinz in Las Vegas. Mit spielerischer Intelligenz den Herausforderungen unserer Zeit begegnen. Weinheim: Beltz TB.
- Werte-Spiele-Set: Unter dem Motto „Entdecke, was in Dir steckt" werden in Form eines Memorys, eines Rätselheftes und eines Puzzles Wertetools zur Verfügung gestellt, die das Kennenlernen von Werten zur Freude machen und die jungen und erwachsenen Menschen zeigen, wie wertvoll sie sind, wie viele Fähigkeiten sie bereits in sich tragen und wie sie diese, wie Muskeln, trainieren können. https://www.skybooks.at/sortiment/werte-spiele-set

- Zimpel, André (2013): Lasst unsere Kinder spielen! Der Schlüssel zum Erfolg. Stuttgart: Vandenhoeck & Ruprecht.

**Filme**

Billy Elliot – I will Dance (2000) von Stephen Daldry
Vitus (2006) von Fredi M. Murer
Zuckersand (2017) von Dirk Kummer
Wege aus der Brüllfalle (2013) von W. Brüning: *In diesem Film zeigt Wilfried Brüning heikle Alltagssituationen ungefiltert und erleichtert Eltern so den Einstieg in ein offenes Gespräch über schwierige Erziehungsthemen.*

Zwischen zwei Welten. Kinder im medialen Zeitalter (2018) von W. Brüning: *Dieser Film für Eltern von Kindergarten- und Grundschulkindern gibt den Eltern wichtige Hinweise in Bezug auf die virtuelle Welt mit der die Kinder heute aufwachsen.*

## Literatur

Enderlein O (2001) Große Kinder. Die aufregenden Jahre zwischen 7 und 13. dtv, München
Erikson EH (1966) Kindheit und Gesellschaft. Ernst Klett, Stuttgart
Hüther G (2016) Mit Freude lernen – ein Leben lang. Weshalb wir ein neues Verständnis vom Lernen brauchen. Vandenhoeck & Ruprecht, Göttingen
Kang S (2016) Das Delfin-Prinzip: Glückliche Kinder sind im Leben erfolgreicher als Einserschüler. Goldmann, München
Kegan R (1994) Die Entwicklungsstufen des Selbst. Fortschritte und Krisen im menschlichen Leben. Peter Kindt, München
Pohl G (2014) Kindheit – aufs Spiel gesetzt, 4. Aufl. Springer Spektrum, Berlin
Postman N (1982) Das Verschwinden der Kindheit. 18. Aufl. 1987. Fischer TB, Frankfurt a. M.
Remen RN (2002) Aus Liebe zum Leben. Geschichten, die der Seele guttun. Arbor, Freiamt
Renz-Polster H (2016) Menschenkinder. Artgerechte Erziehung – was unser Nachwuchs wirklich braucht. Kösel, München
Spitzer M (2002) Lernen: Gehirnforschung und die Schule des Lebens. 3. Aufl. 2007. Spektrum Akademischer Verlag, Heidelberg
Stone LJ, Church J (1991) Kindheit und Jugend II. Einführung in die Entwicklungspsychologie. DTV, München
Wardetzky K, Weigel C (2010) Sprachlos?: Erzählen im interkulturellen Kontext. Erfahrungen aus einer Grundschule. Schneider Verlag Hohengehren, Baltmannsweiler
Weinberger S (2015) Kindern spielend helfen – Einführung in die Personzentrierte Spielpsychotherapie, 6. Aufl. Beltz Juventa, Weinheim

# 6

# Jugendliche und Spiel

## 6.1 „Wie geil ist das denn?" – wie Jugendliche sich spielend ausprobieren

„Jugendliche sind keine Ungeheuer.
Sie sind lediglich Menschen, die versuchen,
hier auf dieser Welt ihren Weg zu gehen,
inmitten von Erwachsenen,
die ihrer selbst manchmal gar nicht so sicher sind".
(Virginia Satir)

Betrachten wir das Thema Spielen und Faszination im Lebensabschnitt der Jugend, so ist die *„Bühne des Spiels"* von Jugendlichen vor 20 Jahren mit der der heutigen Generation nicht mehr vergleichbar. Digitale Spiele auf dem Handy, am PC oder an der Spielekonsole sind in dieser Altersgruppe nicht mehr wegzudenken. 93 % der 10- bis 18-Jährigen spielen laut einer Studie des IT-Branchenverbandes Bitkom aus dem Jahre 2015 regelmäßig Computer- und Videospiele – im Schnitt 104 min pro Tag. Hier identifizieren sie sich, ähnlich wie jüngere Kinder im „Als ob"-Spiel mit den Figuren und lassen diese in der virtuellen Welt Abenteuer erleben und bestehen. Dieses große Feld der Freizeitbeschäftigung der Jugendlichen dürfen wir nicht alleine den Spieleentwicklern digitaler Spiele überlassen, denn Faszination im Spiel ist auch in diesem Alter in vielfältiger Weise möglich und wichtig für die weitere Entwicklung.

Auch wenn sich in der digitalen Welt vieles verändert hat und weiter verändern wird, das Freizeitleben der Jugendlichen spielt sich heute wie damals eher auf einer *„Schattenbühne"* ab, also fern ab von den Blicken der Erwachsenen und dies ist für diesen Entwicklungsabschnitt auch wichtig und notwendig, wie wir nachfolgend erläutern werden. Das *„Sehen und Gesehen werden"*, wie wir es im einführenden Kapitel beschrieben haben, stellt die Beziehung des Heranwachsenden und seiner Erziehungspersonen vor große Herausforderungen, da sich hinter der *Bühne des sichtbaren Verhaltens* oft unausgesprochene Bedürfnisse, Ängste und Unsicherheit verbergen. Wir müssen als Erwachsener oft schon ganz genau hinschauen, um den Menschen hinter seinem *„Kostüm"* noch zu sehen und benötigen selbst einen großen „Resonanzkörper", um in unseren Bedürfnissen vom Jugendlichen noch *gesehen* zu werden. Wir verstehen das Spiel in diesem Alter als das Nutzen von individuellen *Spielräumen* und als Bühne, um sich gegenseitig in seinen Werten und Haltungen neu kennenzulernen und anzunehmen. Es ist die Verantwortung der Erwachsenen, die Entwicklungsbedürfnisse des Heranwachsenden zu *sehen* und ihm das Gefühl des *Gesehen werdens* auch zu vermitteln, wenn es schwierig wird.

## Faszination und Spiel *zwischen* Kind bleiben (wollen) und Erwachsener werden (wollen)

Während die Freizeitbeschäftigungen der jüngeren Kinder noch sehr durchstrukturiert sind und unter der Begleitung der Eltern, Lehrer oder Spieleleiter stattfinden, sucht der Jugendliche nach selbstbestimmten Nischen und Spielräumen mit Gleichaltrigen, um sich innerhalb dieses Bezugssystems in seiner Individualität zu erfahren, zu messen und auszuprobieren. Er braucht diese realen Spielerfahrungen, um sich im Kontakt mit Gleichaltrigen zu erleben und sich und den anderen sowohl als Individuum als auch als Teil der Gemeinschaft wahrzunehmen (Abb. 6.1).

**Abb. 6.1** Spiel und Spaß in allen Elementen (© Lindner)

> **Spielball Wissen 6.1 – Empathie**
>
> Es gibt zu diesem Begriff vielfältige Definitionen, je nach wissenschaftlichem Fachgebiet. Allgemein formuliert geht es bei der Empathie um die Fähigkeit, Gefühle und Gedanken des anderen zu erkennen.
>
> In dem von Carl Rogers begründeten ‚Personzentrierten Ansatz', der weltweit großen Einfluss auf die Arbeit von Psychotherapeuten, Beratern und Coaches hat, stellt das empathische Verstehen eine Grundbedingung der hilfreichen zwischenmenschlichen Beziehung dar. Hier bedeutet Empathie, sich in die innere Erfahrungswelt des anderen hineinzuversetzen (in seine Gedanken, Gefühle, Werthaltungen, Motive, Wünsche) und diese vom Bezugspunkt des anderen heraus zu verstehen (Rogers 2016).
>
> Die Fähigkeit zur Empathie wurde in den letzten Jahren unter verschiedenen Gesichtspunkten, u. a. der Bindungsforschung und der Spiegelneuronen (s. *Spielball Wissen 8.2 ‚Spiegelneuronen'*) beforscht. So fand man heraus, dass Bindungserfahrungen eine wichtige Rolle spielen. Die Fähigkeit zur emotionalen Resonanz wird in den frühen Interaktionsspielen zwischen Bezugsperson und Kind eingeübt. Bei fehlender Interaktion haben Kinder Schwierigkeiten, die eigenen Emotionen zu deuten und ebenso Gefühle anderer wahrzunehmen und zu verstehen (Bauer 2006).

In diesem Alter müssen grundlegende Fertigkeiten wie Kommunikations- und Konfliktfähigkeit verstärkt eingeübt werden, damit der Jugendliche später in einer selbstständigen Lebensform gut bestehen kann. Er muss seine Verhaltensweisen im Kontakt mit anderen abstimmen und lernen, sich einzuordnen, gegebenenfalls unterzuordnen oder auch anzupassen (Flammer 2009).

Die Kompetenz, sich selbst besser zu verstehen, den anderen zu verstehen und anschließend eine gemeinsame Basis für eine Beziehung zu finden, also die Empathie, ist heute eine Schlüsselqualifikation für den erfolgreichen Start in den Beruf, das Studium und die selbstständige Lebensgestaltung (s. oben *Spielball Wissen 6.1 „Empathie"*).

Der junge Mensch steht entwicklungspsychologisch gesehen in einem Spannungsfeld zwischen inneren Veränderungsprozessen und einem Anpassungsprozess an die normativen Beschränkungen von außen. Dies führt zu einem Gefühl, ständig „*dazwischen*" zu stehen, manchmal auch zu einer inneren Zerrissenheit zwischen Anpassung und Rebellion und kostet dem Jugendlichen (aber auch den Erziehungspersonen) viel Energie (Langer und Langer 2005).

Das Spielen kann in dieser Altersstufe als „Katalysator" zur Bewältigung dieser inneren Spannungszustände dienen und findet meist in Zwischenräumen statt, in *Spielräumen,* in denen keine Beobachtung oder Kontrolle von Erziehungspersonen stattfindet. Das ist wichtig, denn hier muss sich der Jugendliche – in direktem Kontakt zu anderen – bewähren und seinen Selbstwert überprüfen, ohne dass er von außen unterstützt oder protegiert wird.

Mit anderen Worten: Er lernt sich und seine Fähigkeiten neu kennen. Kraft und Kraftdosierung können nur körperlich in Kontakt mit Gleichaltrigen erspürt werden, Angst und Stress können nur in den Situationen bewältigt werden, in denen wir sie erleben. Soziales Miteinander und Konfliktlösung können nur in sozialen Gruppen erlernt werden und durch positive Erfahrungen zu innerem Wachstum führen. Das gemeinsame Spiel bietet hier unzählige Möglichkeiten der Selbsterfahrung.

Die Spielräume in der Jugendzeit sind gleichermaßen aber auch Schonräume für Intimität, innere Ablösung und Anders-sein-Wollen. Sie sollten (wie das Lesen eines persönlichen Tagebuches) von den Erwachsenen nur auf Einladung betreten werden. Dann jedoch sind sie von unschätzbarem Wert, da sie Eltern und Kind die Gelegenheit geben, sich durch gemeinsame Interessen, Spiele, Beschäftigungen wieder neu zu begegnen und dem Jugendlichen Halt zu geben, wie folgendes Beispiel aus der Praxis zeigt:

> Der schüchterne 14-jährige Leon erzählt begeistert vom letzten Wochenende: „Mein Papa und ich, wir machen jetzt immer Geocaching! Kommen Sie, ich muss Ihnen was zeigen, aber Sie dürfen nichts verraten." Ich bin etwas verwundert, denn Leons Vater ist ein leidenschaftlicher Radfahrer und versucht seit Monaten, seinen Sohn vom Computer wegzuholen, ohne Erfolg. Der sonst eher wenig gesprächige Junge führt mich an den Stadtrand und erklärt mir, wie *genial* die Schatzsuche für ihn und seinen Vater ist. Er führt mich an der alten Stadtmauer entlang, hinunter zum Fluss, wo wir uns durch Gestrüpp bis zu einem kleinen eingefallenen Entenhäuschen durchkämpfen. Ich bin

gespannt und neugierig, ob wir hier wohl den Schatz finden werden? „Nein, diesen Platz dürfen Sie doch auf keinen Fall erfahren!" Unter der kleinen Fensterbank, in einem Hohlraum finden wir schließlich, kaum sichtbar, eine kleine Schraube mit einem Hohlkörper, in dem sich ein winziger zusammengerollter Zettel befindet: Die Koordinaten für das nächste Versteck und kleine Rätselhinweise von Personen, die schon vorher da waren! Stolz zeigt mir Leon den Zettel, auf dem ich nur Hieroglyphen erkenne, dann wird alles ganz schnell wieder verpackt, und wir „schleichen" uns auf die Straße zurück. Ich bin begeistert von der Idee, die so alt ist und nun mit neuer Technik verknüpft wurde. Doch am meisten freut es mich, dass Leon und sein Vater ein gemeinsames Spiel gefunden haben, wovon sie beide fasziniert sind.

## Spielen und Faszination *zwischen* Mädchen und Frau, *zwischen* Junge und Mann

Der Jugendliche, dessen innere Aufmerksamkeit durch seine inneren Wachstumsprozesse vereinnahmt ist, beschäftigt sich unentwegt mit seinem in ihm schlummerndem Potenzial und ist fasziniert von einem starken Gefühl der Selbstbestimmung. Während er für den Außenstehenden eher unbeteiligt, unkonzentriert oder seltsam wirkt, *spielt* er gedanklich neues Verhalten durch, probiert, ordnet, konstruiert und entwirft ein Modell seiner Person. Gleichzeitig ist er mit einem anderen Teil seiner Aufmerksamkeit stets auf der Suche nach Gleichgesinnten, Mitstreitern und Menschen, die ihn so verstehen, wie er im Begriff ist, *sich* zu verstehen. Er sucht quasi nach einer Entsprechung, einer Passung seiner selbst in der zukünftigen Gemeinschaft mit anderen und entwickelt klare Vorstellungen von seinen Werten, Ansprüchen und Lebenszielen. Und er sucht nach individuellen Spielräumen.

> „Ich war eingeladen, lediglich geduldet, wie mir das Brennen der Sonne auf meinen Schultern und die Stiche der Mücken in Erinnerung riefen; und zugleich fühlte ich mich als Pferd, Wind, wütende Flut, sanfte Hyazinthe. Ich wälzte mich in den Wellen. Endlich im Einklang mit meinem Körper, war ich weder Mädchen noch Junge. Ich war einfach nur, ganz und gar und auf eine wunderbare Weise lebendig". (Helene Grimaud 2006, S. 21)

Das Körperwachstum und der sexuelle Reifungsprozess nehmen nun großen Einfluss auf das Verhalten des Jugendlichen und darauf, wie die Umwelt auf ihn reagiert. Das bedeutet, dass der junge Mensch, psychosozial betrachtet, aufgrund seiner körperlichen Veränderungen von seiner Umwelt nun anders wahrgenommen wird und daraufhin ein neues Selbstbild entwerfen muss. Selbst wenn er sich innerlich noch zum kindlichen Spiel hingezogen fühlt, muss er sich nach außen „cool und erwachsen" zeigen. Hier spielen gesellschaftliche Bewertungen über Weiblichkeit und Männlichkeit eine große Rolle. Die Vorstellungen davon, was stark, tapfer, erfolgreich oder begehrenswert ist, sind trotz unserer liberalen Gesellschaft immer noch sehr starr. So wie z. B. Aggression nicht ausschließlich eine männlich angelegte Ausdrucksweise ist, ist Sanftmut nicht nur eine weibliche Eigenschaft. Die Entscheidung, welche Rollenidentität der Jugendliche für sich wählt, hängt von der komplexen individuellen Ausstattung und den Einflüssen seines Milieus, in dem er heranwächst, gleichermaßen ab (s. *Spielball Wissen 6.2 „Gehirnreifung in der Jugend"*). Untersuchungen zeigen, dass Mädchen eher zu nach innen gerichteten, körperbezogenen Spiel- und Beschäftigungsformen neigen, während Jungen eher zu riskantem Spielverhalten, also dem Körper- aufs-Spiel-Setzen oder der Gewaltsamkeit neigen (King und Richter-Appelt 2009).

Auch erste sexuelle Kontakte werden oft nur zum spielerischen Ausprobieren der eigenen körperlichen Empfindungen (auch mit dem eigenen Geschlecht) geknüpft und führen nur in seltenen Fällen zu dauerhaften Liebesbeziehungen.

> **Spielball Wissen 6.2 – Gehirnreifung in der Jugend**
> Über Jahrzehnte galt die Reifung des Gehirns bereits vor der Pubertät als abgeschlossen. Neuere Studien zeigten jedoch, dass dies nicht der Fall ist. Wir wissen heute, dass das Gehirn des Menschen um die Zeit der Pubertät herum besonders deutliche Veränderungen erfährt. Die späte „Nachreifung" des Gehirns betrifft in ganz besonderem Maße den präfrontalen Kortex, also Bereiche des Stirnhirns, in denen die höheren und höchsten geistigen Leistungen wie Planen von Zukunft, Verfolgen langfristiger Ziele sowie repräsentierte Bewertungen liegen, die einen Aufschub kurzfristiger Belohnungen und damit das Unterdrücken reflexartiger Handlungen ermöglichen. Die Entwicklungsneurobiologie spricht hier von einer kritischen oder sensiblen Phase, da es aufgrund des überschießenden körperlichen Wachstums zu Beginn der Pubertät zu einer Abnahme der kognitiven Leistungsfähigkeit kommt und die Gehirnentwicklung in manchen Phasen seines Umbaus offenbar bestimmte Schwächen aufzeigt. Ein besseres Verständnis der Vorgänge um die Pubertät könnte dazu beitragen, dass alle Beteiligten diesen Lebensabschnitt (gerade in Bezug auf das Thema „Lernen") fruchtbarer gestalten könnten. (Spitzer, Manfred 2009)

Ein Beispiel für das faszinierende Zusammenspiel von Selbstbestimmung auf der einen und Zugehörigkeit auf der anderen Seite schildert uns die 17-jährige Michelle. Sie lebt seit einigen Jahren in einer Einrichtung für Mädchen mit Gewalterfahrungen und trifft sich einmal in der Woche mit ihren Freundinnen zum gemeinsamen Spieleabend. Heute hat Silvie einen Zeitungsartikel von ihrer Lehrerin mitgebracht:

„Zum fünften Mal treffen sich am 14. Februar weltweit junge Mädchen und Frauen, um tanzend, singend und trommelnd ihrem Zorn Ausdruck zu

**Abb. 6.2** One Billion Rising (© picture alliance (Mit freundlicher Genehmigung REUTERS/MANSI THAPLIYAL))

verleihen. „One Billion Rising" – eine Milliarde, die für eine Welt aufstehen, in der Frauen nicht länger degradiert, verletzt und damit ein Leben lang gezeichnet sind." Spontan beginnen die jungen Frauen, sich auf diesen Tag vorzubereiten, und sie werden von der Hauptschule des Ortes eingeladen, zusammen mit den Schülerinnen zu tanzen (Abb. 6.2).

## Jugendliches Spiel *zwischen* Familie und Gleichaltrigen

Gerade hier beginnen die Gefahren und auch die Chancen dieser sensiblen Phase. Der junge Mensch befindet sich aufgrund seiner Bedürftigkeit und seiner Sehnsucht nach Selbstbestimmung und seiner Visionen in einem „psychischen Vakuum" und wird rasch von Gruppen oder Personen (heute oft aus Internetportalen) fasziniert; die kritische Auseinandersetzung erfolgt aber oftmals erst im Nachhinein mit den vertrauten Bezugspersonen. Hier gilt es, den Jugendlichen in seiner Faszination zu verstehen, ihm zuzuhören und zu erspüren, welche Bedürfnisse hinter dieser Faszination stehen. Es geht jetzt darum, ein beziehungsstiftendes *„Dazwischen"* entstehen zu lassen, wie Martin Buber es in seinem Buch „Ich und Du" beschreibt (Buber 1995). So kann der junge Mensch gemachte Erfahrungen einordnen und neues Verhalten einüben oder sich deutlich abgrenzen. Er reift und lernt und reift und lernt….

### Hierzu das Beispiel der 13-jährigen Marie und ihrer Mutter

Marie ist ein intelligentes, körperlich normal entwickeltes hübsches Mädchen, das die 7. Klasse des Gymnasiums besucht. Die Nachmittage verbringt sie mit ihren beiden Freundinnen im Zimmer mit „Computerspielen". Tatsächlich betrachten sie die Profile und Beiträge von Mädchen, die ihren magersüchtigen Körper posten und dafür unzählige „likes" bekommen. Da Marie in den letzten Monaten einiges zugenommen hat und ihre fraulichen Rundungen eher abstoßend findet, ist sie gleichermaßen fasziniert wie verstört von den Fotos und nimmt heimlich Kontakt zu einem dieser Mädchen, nennen wir sie Zoe, auf. Von ihr bekommt sie Tipps, wie sie unbemerkt abnehmen kann, und Marie erlebt das berauschende Gefühl, absolute Kontrolle über den eigenen Körper zu haben. Auf der anderen Seite spürt sie genau den Sog in die Selbstzerstörung und ihre Hilflosigkeit, weil sie dem „Spiel mit dem Feuer" kein Ende machen kann.

Jetzt tut Marie etwas, was viele Jugendliche in der Phase der Gefährdung machen – sie möchte entdeckt werden. Eines Tages sieht die Mutter die von Marie bewusst nicht geschlossenen Fotos auf dem PC und spürt sofort, dass es hierbei um einen Hilferuf ihrer Tochter geht. Ohne ihre Tochter zur Rede zu stellen oder ihr gescheite Ratschläge zu geben, nimmt die Mutter sich Zeit, die Sorgen und Ängste Maries zu verstehen und ernst zu nehmen. Gemeinsam überlegen sie, eine Beratungsstelle für Essstörungen aufzusuchen, und Marie stimmt zu, den Zugang zum Computer unter die Aufsicht der Eltern zu stellen.

Dieses Beispiel verdeutlicht, dass nicht nur die uneingeschränkte Zeit eine Gefährdung für Jugendliche im Gebrauch der digitalen Medien darstellt, sondern auch die Beschäftigung mit Inhalten, die sich der Kontrolle der Erwachsenen entziehen. Hier sehen Wissenschaftler und Pädagogen fatale Nebenwirkungen einer digitalen Welt für die Zukunft des jungen Menschen. Die Jugendlichen kommen in Berührung mit Themen und Inhalten, die sie nicht alleine bearbeiten können und die mittel- und langfristig zu Depressionen, Ängsten, Schlafstörungen oder anderen psychischen Problemen führen können. Insbesondere die Anzahl internetabhängiger Jugendlicher und junger Erwachsener ist laut der von der Bundesregierung geförderten Blikk-Medienstudie 2017 massiv angestiegen. Experten gehen von etwa 600.000 Internetabhängigen und 2,5 Mio. sog. „problematischen Nutzern" in Deutschland aus. Die Fähigkeit, mit Kommunikationsinstrumenten sinnvoll umzugehen, muss demnach unter der Aufsicht von Eltern, Lehrern und Pädagogen in Institutionen intensiv erlernt werden oder wie der Hirnforscher Manfred Spitzer klarstellt: „Zuerst muss man Wissen erworben haben, um sinnvoll googeln zu können". Es müsse klare Maßnahmen und Konsequenzen für die Nutzung des Internets mit strikten Zeitregeln und regelmäßigen Gesprächen in Familie, Schule oder Einrichtung über die Erfahrungen geben, die Jugendliche in den sozialen Medien gemacht haben. Der Neurologe betont darüber hinaus: „Lernerfolge sind vor allem in jungen Jahren von Verständnis und Vertrauen lebendiger Menschen abhängig."[1]

**Junge**

Junge, warum hast du nichts gelernt?
Guck dir den Dieter an, der hat sogar ein Auto.
Warum gehst du nicht zu Onkel Werner in die Werkstatt?
Der gibt dir ‚ne Festanstellung' wenn du ihn darum bittest.

Junge - und wie du wieder aussiehst!
Löcher in der Hose und ständig dieser Lärm.
Was sollen die Nachbarn sagen?
Und dann noch deine Haare, da fehlen mir die Worte.
Musst du die denn färben?
Was sollen die Nachbarn sagen?
Nie kommst du nach Hause, wir wissen nicht mehr weiter.

Junge, brich deiner Mutter nicht das Herz.
Es ist noch nicht zu spät, dich an der Uni einzuschreiben.
Du hast dich doch früher so für Tiere interessiert,
Wäre das nichts für dich?
Eine eigene Praxis!

Junge - und wie du wieder aussiehst!
Löcher in der Nase und ständig dieser Lärm!
Elektrische Gitarren und immer diese Texte,
Das will doch keiner hören!
Was sollen die Nachbaren sagen?
Nie kommst du nach Hause, so viel schlechter Umgang!
Wir werden dich enterben!
Was soll das Finanzamt sagen?

Wo soll das alles enden?
Wir machen uns doch Sorgen!
Und du warst so ein süßes Kind.
Und du warst so ein süßes Kind.
Und du warst so ein süßes Kind.
Du warst so süß.

---

[1]Mittelbayerische Zeitung v. 15.03.2017.

> Und immer deine Freunde – ihr nehmt doch alle Drogen!
> Und ständig dieser Lärm!
> Was sollen die Nachbarn sagen?
> Denk an deine Zukunft, denk an deine Eltern.
> Willst du, daß wir sterben?
>
> (Songtext „Die Ärzte", 2007; m/T: Farin Urlaub, V: Edition Fuhuru/PMS Musikverlag GmbH, mit freundlicher Genehmigung)

## Jugendliche *zwischen* Spielen und Lernen

In der Pubertät zeigen sich die Spuren früherer Entwicklungen und bisher gemachter Erfahrungen. Das sich entwickelnde Gehirn ist jetzt höchst *aufmerksam* mit inneren „Optimierungsprozessen" beschäftigt und wählt aus der Vielzahl der bereits gemachten Erfahrungen diejenigen aus, die für den Jugendlichen langfristig Bedeutung haben und mit neuen Erfahrungen verknüpft werden können.

Interessanterweise unterliegen diese Vorgänge einer emotionalen Bewertung (also, ob es für den Organismus *Sinn* macht, die Erfahrungen einzuordnen oder nicht) und eben diese motivieren den Menschen dann zu konkreten Handlungen (Spitzer 2009). Diese Tatsache legt nahe, dass Inhalte, von denen der Jugendliche fasziniert ist und die ihm einen Sinn geben, eher gelernt werden als Inhalte, zu denen er keinen emotionalen Bezug herstellen kann. Damit Flow-Erlebnisse (s. Kap. 2) in Verbindung zum Lernen entstehen können, muss der Jugendliche in seinen Fähigkeiten „abgeholt" werden. Ist die Aufgabe zu anspruchsvoll, blockieren Angst und Stress diesen Prozess. Ist der Jugendliche mit seinen Fähigkeiten unterfordert, entstehen Langeweile und Verweigerung und Lernen wird ebenfalls blockiert.

### Hier ein paar gelungene Beispiele aus der Presse

In der Gesamtschule Winterhude in Hamburg gehört das Konzept „Herausforderungen" seit Jahren zum Lehrplan. Die Jahrgangsstufen 8 bis 10 beginnen das Schuljahr mit einem dreiwöchigen Abenteuer mit dem Leitspruch: „Zeig, was du draufhast." Über 300 Schüler schwärmen da aus: Die einen organisieren sich eine Kanutour von Potsdam nach Hamburg, die anderen bauen nach eigenen Plänen einen Wintergarten fürs Schulcafe. Wieder andere stellen ein Popkonzert auf die Beine mit Pressearbeit, Logistik und Versicherungsverträgen. Oder eine Gruppe hat sich vorgenommen, in drei Wochen die Alpen zu überqueren, 200 km bis nach Italien. Die Kinder bewerben sich alle freiwillig für ein Abenteuer, das sie interessiert. Sie kommen mit völlig neuen Lernerfahrungen nach Hause, sind erfüllt und befriedigt, die Herausforderung angenommen und bestanden zu haben. In diesem Jahr stand die Hilfe für den Hamburger Bach Tarpenbek als Herausforderung zur Wahl, mit Abgrabungen von dichtem Pflanzenwuchs, Errichten von Sohlgleiten, Strömungslenkern, Entschlammungsarbeiten, Einbringen von gewaschenem Kiesgeröll usw.[2]

Der Skat-Club-Babo lädt Jugendliche zu Skat-Lernseminaren ein. Einen ganzen Tag lernen und spielen interessierte Jugendliche von langjährigen Skatspielern das anspruchsvolle Kartenspiel, um dann regelmäßig einmal in der Woche zu üben. Die Jugendlichen Benjamin, Melanie und Daniel sind begeistert von den Spielvarianten des Kartenspiels und freuen sich, dass die geübten Skatspieler sich so viel Zeit nehmen, das Spiel an sie weiterzugeben.[3]

Johannes, Jurastudent, ist Teamkapitän der vierten Mannschaft eines Schachklubs. Auf einer Zugfahrt machte er die Begegnung mit einem Flüchtlingskind, als ihm dies beim Spielen auf der Schach-App zuschaute. Es war regelrecht in den Bann des Schachspiels gezogen. So beschließt er, für die Kinder in der Flüchtlingsunterkunft einen Schachnachmittag anzubieten. Es entwickelt sich eine derartige Spielfreude bei den Kindern, dass seitdem bis zu 25 Kinder zwischen 6 und 14 Jahren regelmäßig dieses Königsspiel spielen, auch wenn sie die deutsche Sprache noch nicht beherrschen.[4]

Es ist faszinierend zu beobachten, wie sich ein junger Mensch hochkonzentriert, ausdauernd und mit zielgerichteter Aufmerksamkeit mit einer Sache beschäftigt, die er *selbst gewählt* hat und von der er fasziniert ist. Er ist dabei wie beim Spielen als Kind sehr kreativ, flexibel, lernbereit und trainiert jene Fähigkeiten, die in der späteren Arbeitswelt als Schlüsselqualifikationen erwartet werden. Wir können dieses Verhalten, also Lernen durch eigenes Handeln, auch bei Kindern und Jugendlichen mit einer sog. Aufmerksamkeitsdefizitstörung beobachten. Sie sorgen selbst für einen geeigneten Input und sind dann sehr leistungsfähig, stoßen dabei aber oft an die Grenzen der familiären oder schulischen Tagesstruktur.

---

[2]Der Spiegel, 15/2018; Winterhude Reformschule: https://www.sts-winterhude.de/.
[3]Skatclubkurse für Jugendliche: https://www.skatkurs-babo.de/.
[4]Mittelbayerische Zeitung v. 23.12.2017.

### Ein weiteres positives Beispiel aus der Praxis

Der 17-jährige Thomas ist Auszubildender zum Fachinformatiker in einer großen Lehrwerkstatt. Da er die ihm gestellten Aufgaben schneller erledigt als andere Jugendliche seiner Ausbildungsgruppe, sitzt er oft gelangweilt und leicht genervt vor seinem Computer und beginnt, andere Auszubildende abzulenken. Der Ausbilder Herr H. beobachtet ihn seit geraumer Zeit und gewährt ihm eine freie Verfügungszeit, die Thomas sinnvoll am Computer nützen kann. Alleine das Vertrauen, das der Ausbilder in ihn setzt, motiviert ihn, ein Computerspiel zu entwerfen, das er „Textadventure" nennt: In diesem Spiel gibt es keine Visualisierung, sondern der Spieler muss sich nur mit seiner Vorstellungskraft auf den Weg machen, um gewisse Aufgaben in einer imaginären Landschaft mithilfe anderer Phantasiefiguren und Hilfsmittel zu erfüllen. Es lauern Gefahren, man findet Schätze, kann sich in seiner Figur weiterentwickeln und bekämpft das Böse, aber eben ohne eine optische Vorlage zu haben. So wie der Spieleentwickler Thomas nun seine Phantasie mit seinen Programmierfähigkeiten kombinieren kann, fasziniert er mit seiner Idee seinen Ausbilder und seine Kollegen, die das Spiel natürlich als Erste testen können. Anschließend stellt er es in einer Spielebörse im Internet ein und entwickelt weitere Spiele (www.gamejolt.com/@zedrem).

## Spielen *zwischen* „Halt brauchen" und „Eigenständigkeit spüren"

Parallel zum inneren Veränderungsprozess muss der Heranwachsende wichtige Fähigkeiten, wie z. B. die Erfüllung von Pflichten, Verlässlichkeit, Anpassung oder Leistungsbereitschaft erwerben und lernen, dass jeder Mensch die Verantwortung und die Konsequenzen für sein Verhalten tragen muss.

Dies bedeutet gerade nicht, dass wir dem Kind oder Jugendlichen alle Schwierigkeiten aus dem Weg räumen sollten (man spricht heute auch von „Curling-Eltern") oder mit einem schützenden Auge stets über dem Kind wachen und sofort zur Stelle stehen, wenn es schwierig wird (wie die sog. „Helikopter-Eltern"). Günstiger ist es, wenn wir eine sichere Umgebung schaffen, in der der junge Mensch seine eigenen Erfahrungen machen und somit neue Fähigkeiten erwerben kann. Man nennt diesen Erziehungsstil den *autoritativen Erziehungsstil,* d. h. der Jugendliche erfährt eine klare und positive Autorität in seinem erwachsenen Gegenüber, gleichzeitig wird ihm jedoch ein hohes Maß an Eigenverantwortlichkeit zugesprochen.

Auch wenn Jugendliche sich in ihrem Autonomiebestreben von den engeren Bezugspersonen entfernen, schätzen sie dennoch ein stabiles

Beziehungsgefüge, eine *sichere Basis,* wie Bindungsforscher es bezeichnen. Studien zeigen, dass Menschen in der Pubertät Krisen, Schicksalsschläge, Enttäuschungen besser überstehen, wenn sie sich dann in diese sichere Basis zurückziehen konnten (Seiffge-Krenke und Ziegenhain 2009).

Wenn Jan-Uwe Rogge in seinem Elternbuch das Erziehungsdilemma von Eltern mit pubertierenden Kindern mit *„Loslassen und Haltgeben"* beschreibt (Rogge 2009), dann trifft er genau den Zustand, in dem diese sich befinden. Ja genau, aber *wann* soll ich das eine oder das andere tun?

Kleine Übungen der von Michael Stuhlmiller entwickelten *Clownmethode* können helfen, mehr Selbstvertrauen und Mut in das eigene Handeln zurückzugewinnen: „Wenn wir wissen wollen, wie es dem anderen geht, gehen wir wie er. Wenn wir wissen wollen, wo er steht, stellen wir uns daneben. Auf diese Art lösen wir die Distanz auf. Wir lernen Stabilisierung durch Körperbewusstsein, Atemführung und energetische Kommunikation" (Stuhlmiller 2016).

**Das folgende Beispiel soll zeigen, wie der Vater seinen Sohn Steven neu kennenlernt:**

Der 16-jährige Steven hat sich zum Leidwesen seiner Eltern seit einiger Zeit zum richtigen Zocker entwickelt. Als kleiner Junge spielte er nach Herzenslust „Ritter". Er „duellierte" sich mit anderen Ritteranwärtern mit imaginären Schwertern und war natürlich der Stärkste, so wie seine Freunde in der gleichen Annahme nach Hause gingen. Dann kam die Zeit der Star- Wars-Krieger, und er verteidigte unsere Welt nun schon in fremden Galaxien mit Laserschwertern. Es gab nie Anlass, diese lustvoll „aggressiven" Spiele von außen zu steuern, endeten sie doch immer damit, sich in friedlicher Absicht (erinnern Sie sich an die Blutsbrüderschaft von Winnetou und Old Shatterhand?) am nächsten Tag wieder zu treffen. Wieder eine Zeit später spielte er mit dem Papa oder Freunden stundenlang an der Playstation „Fifa-Fußball" und er begann, selbst im Verein Fußball zu spielen. Vor ca. einem Jahr wollte er plötzlich nicht mehr ins Training gehen, seitdem sitzt er nur noch am Computer, spielt Strategie- und Kampfspiele, die zwar für sein Alter freigegeben sind, aber besonders bei der Mutter eine starke innere Abwehr hervorrufen und sie sehr beunruhigen. Eines Tages, nachdem er am Computer von Steven etwas richten sollte, setzt sich der Vater neben ihn und fragt, ob er ihm beim Spielen ein wenig zuschauen dürfe. Das etwas ruppige „mhh" mit einem fast nicht erkennbaren Nicken deutet der Vater als Einladung Stevens, und so betritt er den Spielraum seines Sohnes mit zurückhaltender Neugierde. Steven „schlägt" sich wacker von Level zu Level, wo es darum geht, dass er, der Krieger, die fiktive Welt voller Gefahren retten muss. Der Vater ist gleichermaßen fasziniert vom Aufbau des Spiels und der Schnelligkeit, Auffassungsgabe und den strategischen Fähigkeiten seines Sohnes, die er so noch gar nicht wahrgenommen hatte. Als Mannschaft im Spiel „Overwatch" stehen Steven vier Charaktere zur Verfügung, welche besondere Fähigkeiten haben, die er koordinieren muss: Der offensive Genji, der als erster und schnellster drohende Gefahren aus dem Weg räumt; der defensive Bastion, der genau weiß, wann sich die Mannschaft besser zurückziehen sollte; der stabile Reinhardt, der sich jedem in den Weg stellt und keinen an sich vorbei lässt und der helfende Mercy, bei dem man sich alle unterstützenden Materialien, Tipps, Strategien holen kann, wenn man nicht mehr weiter weiß.

Beim Abendessen erzählt Steven den Eltern von einigen kränkenden Erlebnissen beim Fußballtraining. Er, der sich so stark für einen anderen, etwas pummeligen Jungen, eingesetzt hatte, wurde letztendlich mit unfairen Methoden selbst von der Mannschaft hinausgedrängt, weil er angeblich nicht „mannschaftstauglich" gewesen sei. Gemeinsam überlegt er mit seinen Eltern, welche Sportart ihn noch interessieren würde, und er meint, er würde gerne mal bei den Bogenschützen zuschauen, dem Fußball nachzulaufen war eh' nicht sein Ding…

Ob wir Menschen mit unvorhergesehenen Schicksalsschlägen oder Krisen zurechtkommen, hängt also von sehr vielen Komponenten ab, die innerhalb der Person liegen, aber auch darin, wie diese von ihrer Umwelt aufgefangen und von der Gesellschaft unterstützt werden. Das beschreibt auch Eckhard Schiffer in seinem Buch „Warum Huckleberry Finn nicht süchtig wurde" sehr deutlich (Schiffer 2014).

> **Exkurs: Jugendliche *zwischen* Individuum und Gesellschaft**
>
> In Jugendstudien werden Sichtweisen, Stimmungen und Erwartungen (Werte) junger Menschen in Deutschland untersucht und gesellschaftspolitische Denkanstöße gegeben. Die Ergebnisse dieser Forschungen sollen nicht unerwähnt bleiben, da die Erwachsenen mehr über die Bedürfnisse und Vorstellungen dieser Generation erfahren und somit auch, wie Jugendliche spielerisch zu faszinieren sind.
>
> Die Sinus-Studie 2016 definiert aufgrund ihrer Ergebnisse die Jugendlichen als *„Generation mainstream"* und stellt fest, dass die jungen Menschen von heute vor allem eines wollen, sie wollen *dazugehören*. Sie wollen nicht rebellieren, sind ehrgeizig und ihr oberstes Ziel ist es, in die Gesellschaft hineinzukommen. Dabei sind sie erstaunlich tolerant gegenüber Minderheiten, wollen jeden mitnehmen und distanzieren sich in allen Bildungsschichten deutlich von Gewalt und Radikalisierung. Eine Entwicklung, die uns Erwachsene positiv stimmen muss, sehnen sich doch die meisten Jugendlichen nach einer freiheitlich-toleranten Gesellschaftsordnung. Sie grenzen sich dabei weniger von der Familie und Bezugspersonen ab als von Menschen, die sich mit unlauteren, unfairen und egoistischen Methoden an der Gemeinschaft bereichern. Infolge von weltpolitischen Entwicklungen, von Terroranschlägen oder Zukunftsängsten, aufgrund ungleicher Bildungschancen, sind die Sicherheitsbedürfnisse der heutigen Jugend so hoch wie zuletzt in den Nachkriegsjahren.

Der Jugendforscher Klaus Hurrelmann[5] sieht hier einen Trend zur Überanpassung auf Kosten der eigenen Freiräume und der individuellen Entfaltungsmöglichkeiten. Mut, Kreativität, Phantasie, Anderssein und Faszination können sich, wie wir bereits erfahren haben, im Spiel entfalten, aber nur, wenn der Mensch nicht bangen muss, aufgrund seines besonderen Lebensentwurfs ausgegrenzt oder abgehängt zu werden.

Auf der anderen Seite sprechen die Jugendforscher der 17. Shell Studie von 2015 von einer *„Generation im Aufbruch"*, d. h. die jungen Menschen sind sehr aktiv in der Gestaltung ihrer zukünftigen Lebenswelt. Sie denken über die Vereinbarkeit von Familie und Beruf nach, über verschiedene Arbeitsmodelle, machen sich grundlegende Gedanken über das Zusammenleben und über eine qualitative Einteilung ihrer freien Zeit innerhalb einer Leistungsgesellschaft, die auf Konsum, Erfolg und Schnelligkeit ausgerichtet ist. Die Jungen wollen unser Gesellschaftssystem nicht unkritisch übernehmen, wollen eigene Werte, die nach Lebendigkeit, Lebensfreude oder Entschleunigung streben, einbringen. Hier kann sich eine Chance fürs Leben für den einzelnen, aber auch für unsere Gesellschaft abzeichnen, und das stimmt uns in Bezug auf unsere Ausführungen über das Spiel und die Faszination sehr positiv.

**Der Spielraum der individuellen Lebensgestaltung**
Wenn wir diese Erkenntnisse berücksichtigen, können wir zusammen mit den jungen Menschen in einen kreativen Prozess eintreten, so wie ihn Robert Musil in seinem schönen Zitat zum Ausdruck bringt:

> „Der Möglichkeitssinn
>
> Wenn es aber Wirklichkeitssinn gibt, und niemand wird bezweifeln, dass er seine Daseinsberechtigung hat, dann muss es auch etwas geben, das man Möglichkeitssinn nennen kann. Wer ihn besitzt, sagt beispielsweise nicht: Hier ist dies oder das geschehen, wird geschehen oder muss geschehen; sondern er erfindet: Hier könnte, sollte oder müsste geschehen; und wenn man ihm von irgendetwas erklärt, dass es so sei wie es sei, dann denkt er: Nun, es könnte wahrscheinlich auch anders sein. So ließe sich der Möglichkeitssinn geradezu als die Fähigkeit definieren, alles, was ebenso sein könnte, zu denken und das, was ist, nicht wichtiger zu nehmen, als das, was nicht ist." (Robert Musil)

Die Faszination im Spiel kann nun auch so verstanden werden, dass wir uns mit dem Jugendlichen über seine Sichtweisen und Meinungen austauschen und so im spielerischen Kontakt mit ihm sind. Hier können wir auch vom Jugendlichen lernen, was alles möglich ist, und uns von seiner jugendlichen

---

[5]Mittelbayerische Zeitung v. 27.04.2016

Frische faszinieren lassen. Darüber hinaus können wir aber auch Werte und Normen spielerisch „verpacken" und aus dem oft grauen Alltag eine gemeinsame spannende Herausforderung machen.

Hier einige spielerische Ideen:

**Challenges (engl. für „Herausforderung")** sind bei Jugendlichen von heute beliebte Aufgaben, mit denen sie sich zu verschiedenen Themen selbst gerne herausfordern. Auf YouTube finden Jugendliche zahlreiche Tipps, z. B. über Schminken, Bewerbungsgespräche, Skaten oder Ukulele-Spielen, die sie faszinieren und dazu inspirieren, etwas Neues auszuprobieren. Mit Challenges können wir den Ehrgeiz der Jugendlichen erreichen oder aber leidige Pflichtarbeiten (z. B. Hausaufgaben) in spielerische Anforderungen verwandeln. Jugendliche lieben es, sich selbst oder gegen einen Konkurrenten herauszufordern, diese Chance können wir im Alltag in Familie und Schule nutzen.

**Einmal Filmregisseur sein,** das wünschen sich viele Jugendliche. Junge Menschen berichten uns öfter in der Therapie, dass sie fast nie gefragt werden, wie sie sich ihre eigene Zukunft vorstellen. Mit der Anregung des Erwachsenen können sie dies spielerisch tun: Der Jugendliche kann einen „Gedankenfilm" darüber drehen, wie er sich denn sein Leben in 5 (oder in 10, 20) Jahren vorstellt. Was müsste passieren, damit es ein guter Film wird, was müsste verhindert werden, damit er nicht schlecht ausgeht? Mit diesen Fragen können Sie einen guten Zugang zu den individuellen Zukunftsvisionen des Jugendlichen bekommen und gleichzeitig fühlt er sich mit seinen aktuellen Ängsten und Zweifeln von Ihnen ernst genommen.

**Sprichwörter** laden ein, mit dem Jugendlichen unterhaltsam ins Gespräch zu kommen und ihm gleichzeitig mitzuteilen, was wir von ihm erwarten:

*„Erst die Arbeit, dann das Spiel"* (damit sagen wir ja schon, dass Spiel auch in die Leistungsgesellschaft gehört…) oder *„ohne Fleiß kein Preis"* (welcher Preis steht eigentlich zur Debatte?), *„ehrlich währt am längsten"* (ist materieller Erfolg mit unlauteren Mitteln wirklich erstrebenswert?) laden zum Diskutieren ein.

Was bedeutet eigentlich: *„Gelobt sei, was hart macht"* (kann man auch gelobt werden, wenn man weich ist?) oder *„Leiste was, dann haste was, dann biste was!"* aber auch *„Irren ist menschlich"*, *„Eigentum verpflichtet"*, *„aus Erfahrung wird man klug"* oder *„Qualität statt Quantität"*, können im Alltag gemeinsam gedanklich durchgespielt werden. Sammeln Sie Poesiealbum-Sprüche von Großmutter, Mutter und Tochter und erleben Sie, wie spannend es ist, diese bezüglich des gesellschaftlichen Frauenbildes damals und heute miteinander zu vergleichen.

Spielen Sie mit Gedanken und Worten und denken Sie dabei gemeinsam über die Grenzen des Möglichen hinaus…

**Werbeslogans** faszinieren uns in Sekundenschnelle und wecken unser Kaufbedürfnis, ohne dass wir vorher nachdenken, eine typisch jugendliche Verhaltensweise, die Werbepsychologen auf geniale Weise zu nutzen wissen. Wandeln wir sie doch zu unseren Gunsten um und faszinieren den Jugendlichen gleichermaßen: *„Geiz ist geil"* in *„Großzügigkeit macht groß"*, oder: *„Vorsprung durch Technik"* in *„Vorsprung durch Köpfchen"*. Auch ein *„Ich hab' den Tiger im Tank"* motiviert doch ungemein, darüber nachzudenken, welche Kräfte ich in mir habe, wenn es brenzlig wird. *„Schrei nach Glück!"* oder *„Alles muss raus, außer Tiernahrung"* kann animieren, darüber nachzudenken, was wirklich wichtig ist und wovon man sich ruhig trennen kann. Gehen Sie immer nach dem Motto vor:

Je *jugendlicher* und *faszinierender* der Einstieg, umso näher sind wir am Leben des jungen Menschen und finden einen guten Kontakt zu ihm. Diese Sicherheit gibt ihm Mut und Vertrauen, Neues zu wagen.

**Nebenwirkung: Bezugspersonen „ausspielen"**
Der Wunsch des Jugendlichen, zur Gemeinschaft zu gehören, ist im konkreten Alltag oft schwer zu erfüllen. Gerade dann, wenn die allgemeine Familiensituation schwierig wird, braucht der Heranwachsende eine sichere Allianz all derer, die an seiner Entwicklung beteiligt sind. Solange wir in Konkurrenz miteinander stehen, wer den Jugendlichen wohl am besten „erziehen" kann, kann dieser die Gemeinschaft nicht als haltgebend empfinden. Der junge Mensch wird geradezu animiert, sich hindurch zu lavieren und die Erwachsenen gegeneinander auszu*spielen* (Abb. 6.3).

Konkrete Wünsche, die uns Jugendliche berichtet haben:

- Sophie, 12: „Liebe Mama, lieber Papa, warum müsst ihr nur immer streiten, wenn der Papa mich am Wochenende abholt?"
- Manuel, 16: „Liebe Pflegemama, warum machst du immer wieder meine leibliche Mama schlecht, ich möchte doch langsam verstehen, warum ich nicht bei ihr leben konnte."
- Sinem, 15: „Lieber Lehrer, es verletzt mich, dass Sie meine Familie nicht näher kennen lernen möchten. Meine Herkunft ist doch ein Teil von mir."
- Ramona, 14: „Liebe Eltern, liebe Großeltern, ich lebe gerne mit euch in einem Haus. Aber könnt ihr mir nicht mal deutlich sagen, nach wem ich mich richten soll?"

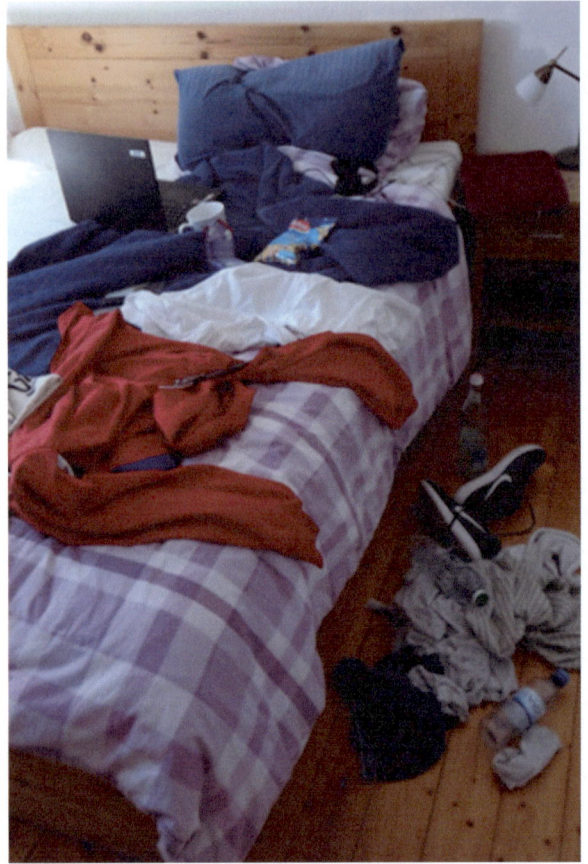

**Abb. 6.3** ewiges Streitthema (© Lindner)

- Frederick, 17: „Liebe Mama, ich weiß, dass du ganz alleine mit uns bist. Aber ich möchte am Wochenende nicht immer auf die Kleinen aufpassen. Ich wünschte, du hättest wieder einen Partner."

**Faszination *zwischen* Pflicht und Freiraum**

Jugendliche brauchen Treffpunkte, wo sie unbeobachtet und frei von „pädagogischen Blicken" ihren Spielraum entdecken können, wo Raum ist für Faszination und den Augenblick. Aber auch einen Übungsplatz, um Kraft und Energie zu spüren, Konflikte zu lösen, Stress zu bewältigen und Emotionen zu regulieren. Diese zeitlichen und räumlichen Nischen müssen von den Erwachsenen eingeplant und freigeschaufelt werden, dann erst wird das bedeutende *Spielen* in der Jugend möglich.

Hier kann der junge *homo ludens* „chillen" (entspannen), im Einklang mit der Natur, der Technik, der Sprache oder der Bewegung kreativ werden und etwas völlig Neues entstehen lassen. Hier kann er sagen „I bims!" (Jugendwort 2017), ohne von den Erwachsenen beobachtet oder kritisiert zu werden.

Auf die Frage, wie sich die 16-jährige Sarah denn *ihren* ‚Raum der Möglichkeiten' vorstellt, antwortet sie:

„Ich stelle mir ein Leben vor, das so ist wie bei den Animes (…in Japan produzierte Zeichentrickfilme): Die Geschichten haben keine Begrenzung, es geht einfach um alles. Alles ist möglich, es gibt nichts, was es nicht gibt. Und das fasziniert mich."

> **Auf den Punkt gebracht**
> - In den Jugendjahren vollziehen sich geistige, körperliche und psychische Veränderungsprozesse, die einen großen Teil der Aufmerksamkeit an sich binden.
> - Lernen geschieht in einem ganzheitlichen Prozess aus Denken, Fühlen und Handeln und wird über selbstgewählte Aufgaben und Herausforderungen besser verankert.
> - Der Jugendliche möchte alle ihm zur Verfügung stehenden Möglichkeiten ausschöpfen, er braucht dabei haltgebende Strukturen und feste Bezugspersonen, die Vertrauen in ihn setzen.
> - Der junge Mensch steht unter großem Einfluss der Gleichaltrigen und möchte Werte, und Normen der Gesellschaft mitgestalten und verändern.
> - Jugendliche brauchen unbeobachtete, unbewertete Handlungs- und Spielräume, um sich in verschiedensten Situationen mit Gleichaltrigen erleben und erfahren zu können.

**Ja, aber – „Mir ist mein Kind so fremd geworden, ich habe manchmal das Gefühl, dass nichts von dem, was ich meinem Kind weitergeben wollte, angekommen ist. Ich habe Angst, es ganz zu verlieren".**

Wenn Sie sich hilflos und unsicher gegenüber ihrem heranwachsenden Kind fühlen, tauschen Sie sich mit anderen Eltern aus. Zeigen Sie Ihrem Kind, dass Sie dennoch immer den Kontakt halten und ihn auf seinem individuellen Weg begleiten. Wenden Sie sich an Erziehungsberatungsstellen oder Jugendämter, um sich erzieherische Hilfen zu suchen.

In vielen Städten werden Erziehungskurse zum Thema „Abenteuer Pubertät" angeboten, z. B. der Kurs „Kess" der katholischen Erwachsenenbildung oder der Kurs „Starke Eltern – starke Kinder in der Pubertät" vom Kinderschutzbund. Informieren Sie sich vor Ort über bestehende Angebote. Die Bundeskonferenz für Erziehungsberatung bietet unter www.bke-jugendberatung.de eine Onlineberatung an, in die sich Jugendliche mit ihren Sorgen und Nöten einloggen können. Dieses Angebot wird von vielen Jugendlichen angenommen. Unter www.bke-elternberatung.de können sich Eltern mit ihren Fragen und Problemen zur Erziehung an die Online-Beratung wenden.

Respektieren Sie die individuellen und unbeobachteten Spielräume des pubertierenden Jugendlichen. Trauen Sie ihm zu, dass er Krisen und Konflikte selbstständig meistern kann und an schwierigen Aufgaben wachsen wird. Auch wenn er andere Lösungsstrategien als Sie wählt, vertrauen Sie auf seine individuellen Fähigkeiten und Begabungen.

Beziehen Sie den jungen Menschen in tägliche Unternehmungen mit ein, und geben Sie ihm Verantwortung, sodass er sich als Teil der Gemeinschaft erleben kann. Machen Sie gemeinsame Reisen und Ausflüge. Auch wenn Jugendliche anfangs nicht begeistert wirken, sind sie im Nachhinein doch oft froh, dabei gewesen zu sein und erinnern sich gerne daran. Überraschen Sie den Jugendlichen mit außergewöhnlichen Vorschlägen, sodass er sich über Sie wundern muss. Bringen Sie ihn zum Staunen!

Hier noch ein Beispiel, wie man z. B. eine Städte-Bildungsreise für Jugendliche interessant gestalten kann:

Wer in Münchberg im Landkreis Hof unterwegs ist und die Augen ein wenig offen hält, der stößt seit Kurzem des Öfteren auf rätselhafte grüne Schilder mit einem angedeuteten Auge. Keine Sorge, das hat nichts mit den Illuminaten zu tun. Wenn Sie eine solche Markierung sehen, heißt das, dass es interessante Informationen zu der Geschichte der Straße oder des Gebäudes gibt, vor dem Sie gerade stehen. Und die kann jeder ganz einfach vor Ort mit dem Smartphone oder Tablet abrufen. Möglich macht's das Projekt „Historischer Münchberg Weg", das gegen 2200 Mitbewerber aus ganz Deutschland als Gewinner der „Google Impact Challenge 2016" hervorging (www.muenchbuerger.info/hmw/).

**Gedankenspiele**

- Welche Erwachsenen haben mich in der Jugendzeit fasziniert?
- Gab es Lehrer, die mich fasziniert haben?
- Was alles hat mich fasziniert? Was hätte ich in meiner Jugendzeit gerne einmal ausprobiert?
- Wie habe ich damals gelernt?

- In welchem Alter war ich gefährdet, von meinem Weg abzukommen? Wen oder was hätte ich da gebraucht?
- Wann habe ich wichtige Erfahrungen gemacht, die meinem Leben eine neue Richtung gegeben haben?
- Wie wichtig waren in dieser Zeit Freunde für mich?
- Worin beneide ich junge Menschen, was bewundere ich an Ihnen?

**Bücherkiste**

- Bainbridge, David (2010): Teenager. Heidelberg: Spektrum Akademischer Verlag.
- Campe, Robert (2017): What's App, Mama? – Warum wir Teenies den ganzen Tag online sind – und warum das okay ist! Hamburg: Edel Germany GmbH.
- Carr-Gregg, Michael (2011): Wie badet man einen Fisch. Freiburg i.Breisgau: Kreuz.
- Caspary, Ralf, Hrsg. (2009): Lernen und Gehirn, Der Weg zu einer neuen Pädagogik. Freiburg i. Breisgau: Herder.
- Dawirs, Ralph/Moll, Gunther (2000): Endlich in der Pubertät. Vom Sinn der wilden Jahre. Weinheim u. Basel: Beltz.
- Gilmour, David (2010): Unser allerbestes Jahr. Frankfurt: Fischer Taschenbuch.
- Kühn, Trudi/Petcov, Roxana, Hrsg. (2017): Das Elternbuch – Leben mit Teenagern. 7. Auflage. Weinheim, Basel: Beltz.
- Schümann, Helmut (2004): Der Pubertist. Reinbek: Rowohlt Taschenbuch.
- Strauch, Barbara (2014): Warum sie so seltsam sind: Gehirnentwicklung bei Teenagern. München: Piper.

**Filme**

- Der Club der toten Dichter (1989) von Peter Weir
- Crazy (2000) von Hans-Christian Schmid
- Das Haus am Meer (2001) von Irwin Winkler
- Rhythm is it! (2004) von Thomas Grube/Enrique Sánchez Lansch
- Vincent will Meer (2010) von Ralf Huettner
- Boyhood (2014) von Richard Linklater
- Der Kinofilm: „Alles steht Kopf" (2016) *stellt neurobiologische Vorgänge sehr schön dar. Gerade der menschliche Körper und der Umgang mit seinen Gefühlen übt in der Zeit der Veränderung große Faszination auf jüngere*

Jugendliche aus. *Der Jugendliche sucht nach Sicherheit und Antworten auf Fragen, die er hier auf spielerische Art beantwortet bekommt.*
- Der Film „Fack ju Göhte 3" (2017) *ist wohl auch deshalb so erfolgreich, weil er eine optimistische Botschaft transportiert, die jungen Menschen gerade in Problemsituationen so wichtig ist: Jeder hat eine Chance verdient, und um die zu nutzen, braucht jeder mindestens einen Menschen, der an einen glaubt.*

## Literatur

Buber M (1995) Ich und Du. Reclam, Leibzig
Bauer J (2006) Warum ich fühle, was du fühlst. Intuitive Kommunikation und das Geheimnis der Spiegelneurone, 8. Aufl. Heyne, München
Flammer A (2009) Entwicklungsaufgaben in der Adoleszenz. In: Fegert J, Streeck-Fischer A, Freyberger H (Hrsg) Adoleszenzpsychiatrie. Schattauer, Stuttgart, S 92–104
Grimaud H (2006) Wolfssonate. Blanvalet Taschenbuch, München
King V, Richter-Appelt H (2009) Körper, Geschlecht, Sexualität – Aspekte körperbezogener Störungen. In: Fegert J, Streeck-Fischer A, Freyberger H (Hrsg) Adoleszenzpsychiatrie. Schattauer, Stuttgart, S 112–126
Langer I, Langer S (2005) Jugendliche begleiten und beraten. Ernst Reinhardt, München
Rogge J-U (2009) Pubertät. Loslassen und Haltgeben. Rowohlt Taschenbuch, Reinbek
Schiffer E (2014) Warum Huckleberry Finn nicht süchtig wurde. Beltz, Weinheim u. Basel
Seiffge-Krenke I, ZiegenhainU (2009) Adoleszenz, junges Erwachsenenalter und Bindung. In: Fegert J, Streeck-Fischer A, Freyberger H (Hrsg) Adoleszenzpsychiatrie. Schattauer, Stuttgart, S 142–154
Spitzer M (2009) Zur Neurobiologie in der Adoleszenz. In: Fegert J, Streeck-Fischer A, Freyberger H (Hrsg) Adoleszenzpsychiatrie. Schattauer, Stuttgart, S 133–141
Stuhlmiller M (2016) Die Kunst des spielerischen Scheiterns. Kailash, München

# 7

# Erwachsene und Spiel

## 7.1 „Ein Leben lang, ist das nicht anstrengend?" – Erwachsene und spielerische Lebenskunst

> „Der Mensch spielt nur, wo er in voller Bedeutung des Wortes Mensch ist, und er ist nur da ganz Mensch, wo er spielt". (Friedrich Schiller).

Zu dieser Frage sagen wir deutlich Nein! Die Faszination im Spiel zu erleben, ist eher das Gegenteil von anstrengend, sondern ist eine Zufuhr an Energie, an Lebensqualität und innerem Wachstum, wie wir in den letzten Abschnitten von den Kindern und Jugendlichen gelernt haben.

Der im Kap. 4 erwähnte Spieleforscher Stuart Brown sieht das Spiel in jedem Alter als eine biologische Notwendigkeit an, genauso wichtig wie Schlaf und Ernährung. In den USA hat er mehrere hundert Firmen dahin gehend beraten, wie sie das Spiel in ihre Geschäftstätigkeit integrieren können. Die Fähigkeit spielen zu können ist ihm zufolge nicht nur dafür ausschlaggebend, glücklich zu sein, sondern ebenso für die Aufrechterhaltung sozialer Beziehungen, wie dazu, ein kreativer und innovativer Mensch zu sein. Als er sich mit Angehörigen der Opfer vom Anschlag auf das World Trade Center am 11. September 2001 beschäftigte, fand er heraus, dass sich die Angehörigen am häufigsten an Spielmomente oder Spielaktivitäten mit den Verstorbenen erinnerten. Er vergleicht das Spiel mit Sauerstoff: er ist überall um uns herum, jedoch wird er meistens gar nicht zur Kenntnis genommen oder geschätzt, bis er einem fehlt (Brown und Vaughan 2010).

Für uns erweitert sich im Erwachsenenalter der Umgang mit dem Spiel noch einmal in eine neue Richtung. So wie wir es verstehen, geht es jetzt noch viel mehr um einen spielerischen Umgang mit sich selbst und den Dingen der Welt. Während Kinder das Spiel noch ganz selbstverständlich als persönliche Quelle nutzen, müssen wir als Erwachsene die Elemente des Spiels erst wieder in das Leben hineintragen, so dass der Begriff eine erweiterte Definition erfordert. Spielen, spielerischer Umgang, spielend leben heißt für den Erwachsenen nun:

**Spielen als Lebenskunst**
Ich gehe spielerisch mit den an mich herangetragenen Herausforderungen um. Ich lasse mich überraschen, mache neue mitmenschliche Erfahrungen und kann durch die Faszination im Spiel ganz im Hier und Jetzt aufgehen, d. h. ein Flow-Erlebnis haben. Ich entwickle eine neue Haltung zu meinem Leben.

**Spielen als Potenzialentfaltung**
Ich entdecke spielend neue Facetten und Fähigkeiten in mir. Ich schlüpfe in neue Rollen und probiere mich aus und entwickle so das in mir angelegte Potenzial weiter. Das Spiel eröffnet mir Freiräume, und ich kann Seiten an mir wiederentdecken, die lange Zeit verschüttet waren oder die ich noch nicht an mir kannte.

**Spielen für Nachhaltigkeit**
Ich tanke auf, regeneriere mich im Spiel. Der beruflichen Tätigkeit, in der oft wenig Spielraum ist, werden Spiele und ein spielerischer Umgang im privaten Lebensbereich gegenübergestellt. Das ist nur ein Weg zu der sogenannten Work-Life-Balance, dem Gleichgewicht zwischen Beruf und Freizeit, und kann somit auch den beruflichen Alltag nachhaltig verändern. Spielend kann ich meine innere Lebendigkeit wiederfinden und mit positiven Gefühlen auf meine Gesundheit einwirken. Nachhaltig kann z. B. aber auch ein Schauspiel sein, wenn ich mich in eine innere Begegnung mit den Schauspielern begebe und mich lebendig fühle, sei es im Theater oder im Fernsehen, und mich anschließend weiter mit dem Inhalt beschäftige.

Geht es bei den jungen Erwachsenen noch in erster Linie um Aufbau und darum, sich in der Welt eigenständig auszuprobieren, so kommt mit zunehmendem Alter immer mehr Routine in den Tagesablauf. Das gibt

Sicherheit, auf Bewährtes wird zurückgegriffen, und es ist effizient, da vieles automatisch abläuft und ich nicht jedes Mal neu überlegen muss. Die Gefahr ist, dass diese Routine erstarrt und in die Handlungsabläufe immer mehr „reingepackt" wird. So sind wir häufig mit der Aussage: „Ich drehe mich im Hamsterrad" konfrontiert. Dann ist es sehr wichtig, sich auch als Erwachsener mal eine ‚Challenge' (s. Kapitel Jugendliche) vorzunehmen. Und zwar eine Herausforderung, die mir neue, spielerische Seiten des Lebens zeigen kann. Die Faszination im Spiel kann mir da, wie bereits am Anfang erwähnt, als Türöffner eine große Hilfe sein.

Das Spielerische, d. h. das sich Ausprobieren, etwas einmal ganz anders zu machen, Grenzen zu sprengen, das in der Kindheit und auch – in eigener Form – in der Jugendzeit im Vordergrund steht, wird mit zunehmendem Alter immer weniger. Nicht ohne Grund engagieren Wirtschaftsunternehmen für ihre Mitarbeiter im Rahmen von Burn-out-Prophylaxe, zur Personal-und Teamentwicklung oder für ein spezielles Projektmanagement Sozialpädagogen und Pädagogen. Diese leiten die Mitarbeiter an, sich zum Beispiel in einem Hochseilgarten zu erproben oder sich anderen Elementen aus der Erlebnispädagogik auszusetzen, um unter anderem das Spielerische und damit die Kreativität in ihnen zu wecken und so beispielsweise ihre Kommunikations- und Problemlösefähigkeiten zu verbessern.

In der psychotherapeutischen Praxis erleben wir speziell bei älteren Erwachsenen und Senioren, wie heilsam sich das spielerische Ausprobieren von etwas Neuem auf die Gesundheit auswirken kann. Aus diesem Grunde sind besonders für das mittlere Erwachsenenalter und für Senioren viele spielerische Ideen und Beispiele eingefügt.

## 7.2 „Entschuldigung, ist hier noch frei?" – wie junge Erwachsene spielend ihren Platz in der Gesellschaft finden

„Sie wollen kreative Mitarbeiter?
Geben Sie ihnen genug Zeit zum Spielen".
(John Cleese, Monthy Python).

Spätestens, wenn die Bändchen der Rockfestivals den modernen Fitness-Bändern weichen, hat der Heranwachsende das Erwachsenenalter erreicht. Dieser Prozess geht meist einher mit abgeschlossenem Studium oder beruflichem Fortkommen und der familiären Selbstständigkeit und findet im Lebensabschnitt zwischen 20 und 30 Jahren statt. Wann der junge Mensch sich als *erwachsen* begreift und sich in der Gesellschaft als *angekommen* fühlt, hängt dabei von individuellen Entwicklungsverläufen und eigenen Bewertungen ab. Statistisch gesehen ziehen junge Erwachsene im Durchschnitt später als früher von zu Hause aus, junge Männer mit 25 Jahren, während junge Frauen etwas früher (mit 24 Jahren) einen eigenen Hausstand gründen.[1]

Das junge Erwachsenenalter stellt den Menschen vor persönliche Herausforderungen, da er jetzt als eigenständige Person seiner Lebensbezüge angesehen wird und die Verantwortung spürt, dass er seine Beziehungen mitsteuern kann und muss. Er muss jetzt eine Balance finden zwischen seinen individuellen Lebensvorstellungen und den Erwartungen und Normen, die seine Umgebung an ihn stellt. Auch ist er in Bezug auf die Zugehörigkeit zur Gemeinschaft/Gesellschaft nun in der Pflicht, diese zu vertreten, wenn er als erwachsene Person wahrgenommen werden will. Er kann eigene Bedürfnisse auch zurückstellen, entscheidet und wägt ab, was für ihn wichtig ist und inwieweit er sich anpassen muss (Mönks und Knoers 2008).

## Junge Erwachsene und die Ablösung aus der eigenen Familie

> „Das Beste an einer Familie: Man ist nie allein!
> Das Schlechteste: Man ist nie allein!" (Quelle unbekannt).

Der Einfluss der Familie tritt zwar von außen betrachtet in den Hintergrund, kann in diesem Lebensabschnitt aber auch zu erneuten inneren Ablösungs- und Entscheidungskonflikten führen. Die Thematik *„Zugehörigkeit, Ablösung und Selbstständigkeit"* wird bis weit ins Erwachsenenleben hinein weiterhin im Kontext des familiären Systems (sowohl positiv als auch negativ) wahrgenommen und wirkt sich auf den weiteren Lebensweg aus (Seiffke-Krenke und Ziegenhain 2009).

Der 25-jährige Stefan hat sein Studium zum Spieleentwickler abgeschlossen und ein Angebot bekommen, in den USA ein innovatives Firmenprojekt

---

[1] www.bib.bund.de/Publikation/2017/pdf/Bevoelkerungsforschung-Aktuell-3-2017. aufgerufen am 30.07.2017.

mit aufzubauen. Diese Aufgabe würde ihn sehr reizen. Gleichzeitig spürt er die unausgesprochene Erwartung seiner Eltern, das gut gehende Traditionslokal in seiner Heimatstadt zu übernehmen. *Er* muss zwar die Entscheidung treffen, dennoch kann ihm diese nur im Guten gelingen, wenn gegenseitige Erwartungen auch angesprochen werden und der Sohn das grüne Licht seiner Eltern erhält.

Die Balance zwischen den Autonomie- und Zugehörigkeitsbedürfnissen führt auch im täglichen Leben bei nicht so weitreichenden Entscheidungen zu einem ständigen inneren Dialog, in dem verschiedene Entscheidungsmöglichkeiten *durchgespielt* werden, sodass der Mensch in diesen Jahren seine Identität weiter festigen wird.

Hier der innere spielerische Dialog der 24-jährigen Rosalia in ihrem Streben nach einer guten Entscheidung: „Soll ich mich im Fitnessclub anmelden oder nicht? Was bringt mir das eigentlich? In welchen? Habe ich überhaupt Zeit und Geld dafür? Wie kann ich das mit meinen Arbeitszeiten vereinbaren? Ist es mir überhaupt wichtig oder mach´ ich das nur, damit die anderen mich bewundern? Oder gibt es was Anderes, für das ich mich engagieren sollte? Was macht mir eigentlich mehr Spaß, Fitnessclub oder Spaziergänge mit meiner Freundin? Wovor habe ich eigentlich Angst? Soll ich es einfach ausprobieren und wann?" usw.

Es geht dabei immer darum, dass der Mensch eine größtmögliche Übereinstimmung zwischen seinen eigenen Werten und den Normen der Gesellschaft in Verbindung mit seinen Bedürfnissen findet. Die spielerischen Fähigkeiten im Sinne von Hin-und-her-bewegt-Werden, von Stimulation und Finden einer inneren Balance, werden also in diesem Lebensabschnitt als faszinierender Bestandteil wieder verstärkt aufgerufen. Sie ermöglichen eine aktive Suche nach dem Platz in der Gesellschaft, aber auch einen Platz als erwachsener Mensch im Familiensystem. Je besser der junge Erwachsene sich auf diesem Entwicklungsweg kennen und verstehen lernt, je flexibler und differenzierter er alle Vor- und Nachteile für sich und sein Leben abwägen kann, umso leichter wird es ihm gelingen, seine Interessen und Haltungen zu vertreten und durchzusetzen. Wenn er bereits eigene Kinder hat, werden sie ihn diesbezüglich sehr intensiv beobachten und ihn in seiner Vorbildrolle wahrnehmen können.

Im Folgenden einige Ideen von jungen Menschen für den spielerischen Umgang mit sich, so wie wir *Faszination im Spiel* im Erwachsenenalter verstehen.

## Spielen, um sich in seiner Verantwortung zu spüren

Junge Erwachsene fühlen sich während ihrer Ausbildung oder während des Studiums oft noch nicht am „richtigen" Platz angekommen. Sie stehen zwar vor verantwortungsvollen Aufgaben, aber sie fühlen sich in ihrer Persönlichkeit oft noch nicht richtig ernst genommen und können nicht wirklich zeigen, was in ihnen steckt. Sie wünschen sich einen Lebensbereich, in dem sie sich ganz präsent und verantwortlich erleben können und in dem sie sich in einer Gemeinschaft als wichtig und bedeutend empfinden.

Die 22-jährige Steffi berichtet von einer schwierigen Jugend. Sie habe sich immer ausgegrenzt gefühlt, obwohl sie mehrmals versucht habe, sich einem Verein oder einer Jugendgruppe anzuschließen. Eigentlich habe sie Erzieherin werden wollen, dazu hätten die schulischen Leistungen aber nicht gereicht. Ihre spielerische Phantasie könne sie in ihrer heutigen Arbeit leider nicht zeigen. Seit einigen Monaten nun leitet sie die Freizeitgruppe der evangelischen Gemeinde, organisiert Ferienfreizeiten und Spielenachmittage für Kinder im Alter von 8 bis 12 Jahren. Hier findet sie die Anerkennung und Zugehörigkeit, die sie sich immer gewünscht hatte: „Mich im gemeinsamen Tun und Spielen mit anderen zu verbinden, meine eigene Stärken spüren und zeigen zu können – das hab' ich mir immer gewünscht." So findet Steffi wie viele andere junge Menschen, die Vereinen angehören, einen Ausgleich zum beruflichen Alltag. Sie fühlt sich gleichzeitig in einer Gemeinschaft aufgenommen, in der sie Verantwortung übernehmen kann.

## Spielen, um sich zu ordnen und auszugleichen

Gerade junge Menschen, die seit ihrer Kindheit oder Jugend unter Aufmerksamkeitsproblemen und/oder Hyperaktivität leiden, tragen ihre biografischen Erfahrungen mit ins Erwachsenenleben hinein. Ihr unbändiger Spiel- und Bewegungsdrang und ihre Impulsivität wurden im Laufe der Jahre oft als belastend und anstrengend empfunden und negativ bewertet. In kreativen oder innovativen Berufen finden sie mit etwas Glück die Herausforderungen, die ihre besonderen Fähigkeiten abholen. Darüber hinaus suchen sie in ihrer Freizeit oft nach selbstgewählten und ungeplanten Beschäftigungen, die ihnen spielerischen Raum für ihre Individualität geben.

Der 30-jährige Patrick beschreibt seine Faszination beim Spiel als bedeutenden Faktor seiner Persönlichkeit. Als Kind sei er hyperaktiv gewesen, er habe seine unbändige Spiel- und Bewegungslust mit allen erdenklichen Beschäftigungen ausleben können. Aufgrund einer Aufmerksamkeitsstörung habe er jahrelang Medikamente einnehmen müssen, seine Leidenschaft zum Spielen habe sich in der Jugend immer mehr auf Computerspiele verlagert. Aus der Rückschau kann er erkennen, dass ihm aber die Freude an der Bewegung und die Zugehörigkeit zu Gleichaltrigen gefehlt haben. Er sei schleichend in die Spielsucht abgeglitten, nur so habe er den Druck der Schule aushalten und sie mit sehr guten Ergebnissen abschließen können. Leider habe er mit seiner Diagnose seinen Traumberuf bei der Polizei nicht erlernen können. Heute weiß er, dass er seiner Kreativität und seiner Lust am Tätigsein den Raum geben muss, den er zum gesunden Ausgleich in seinem Leben braucht. Er baut seit einiger Zeit aufwendige Bögen und schnitzt die Pfeile dazu. Dann verbringt er mit der Truppe des Bogenschützenvereins ganze Nachmittage im abgesteckten Waldgebiet und schießt auf Zielscheiben und Tierattrappen. „Das Faszinierende an diesem Hobby ist für mich diese Einheit aus Natur und Handwerk, Phantasieerleben und Sport, Gemeinschaft und individuelle Fähigkeiten des Einzelnen. Dieses unglaubliche Gefühl kann ich zuhause alleine am Computer niemals erleben." (Abb. 7.1)

**Abb. 7.1** Eintauchen in eine andere Welt (© Robert Kraus, mit freundlicher Genehmigung)

# Spielen, um Angst zu überwinden und Stress abzubauen

Von Kindesbeinen an müssen wir immer wieder lernen, unsere Ängste zu überwinden und unsere innere Anspannung, das Gefühl von Stress, zu regulieren. Diese Fähigkeit kann im Spiel in allen Facetten eingeübt werden und führt zu faszinierenden Erlebnissen des Stolzes und der Selbststärkung. Angst reicht vom Nervenkitzel, z. B. beim Versteckspiel des Kleinkindes, über die positive Erregung, z. B. beim Besuch der Geisterbahn, bis hin zum Lampenfieber, wenn wir vor ein Publikum treten müssen. Dabei geht es immer um den spannenden Moment der Energieentladung und der Gewissheit, die spielerische Herausforderung bestanden zu haben. Wenn die gesteckten oder geforderten Ziele jedoch zu hoch gesetzt werden, geraten wir in Panik und der faszinierende Zugewinn an Mut bleibt aus. Hier bietet das Spiel das passende Übungsfeld auch für den Erwachsenen, da er sich in eigener Regie seinen Ängsten stellen kann. Er kann sich Strategien zur Bewältigung aneignen und lernen, sich selbst immer besser einzuschätzen, so wie z. B. der Schauspieler und Schriftsteller Matthias Brandt in einem Interview berichtet:

> „Die vielleicht prägendste Angst war für mich das Lampenfieber, unter dem ich als junger Schauspieler sehr gelitten habe. Manchmal fast bis zur Lähmung. Überwunden habe ich das einfach dadurch, dass mein Berufswunsch so groß war und ich möglichst viel Zeit auf der Bühne verbracht habe. Ich habe so viel gespielt, dass ich die Angst regelrecht dabei vergessen habe. Ich hatte keine Zeit mehr, mich zu fürchten."[2]

> **Spielball Wissen 7.1 – Angstbewältigung**
> Eine echte, aber auch vermeintliche Bedrohung löst in jedem Menschen eine Empfindung aus, die wir Angst nennen. Ganz automatisch wird ein genetisches Überlebensprogramm in Gang gesetzt und die älteste Hirnregion (das sog. „Reptiliengehirn") übernimmt die Führung. Im Prinzip sind dann nur noch zwei Reaktionsmöglichkeiten offen, Kampf oder Flucht. Klares Denken, kreative Problemlösungen, Wille zum Erfolg, Zuversicht und Mut bleiben oft auf der Strecke. Erst wenn die Stressreaktion (Hormonreaktion) im Körper nachlässt, ist der Mensch wieder in der Lage, seine stammesgeschichtlich „jüngste" Hirnregion (das Großhirn) wieder zu aktivieren. Dasselbe passiert auch, wenn der

---

[2]Mittelbayerische Zeitung v. 16.02.2018.

> Mensch sich in der Beziehungsebene nicht vertraut oder geborgen fühlt und seine Bedürfnisse, z. B. nach Sicherheit nicht erfüllt werden. Er steht dann unter sog. Dauerstress und kann seine Leistungen nicht optimal abrufen. (Hüther, Gerald 2009)

## Spielen, um erholsame Phasen im täglichen Leben zu genießen

Gesundheitsforscher haben herausgefunden, dass die gesunde Leistungsfähigkeit des Menschen auf zwei Beinen steht. Zum einen könne und wolle der Mensch sich über gestellte Herausforderungen definieren und entwickle dabei viel Ausdauer, Kraft und Durchhaltewillen. Zum anderen benötige er aber auch regelmäßigen physischen und psychischen Ausgleich, fern ab von Leistungsdruck und Dauerstress, um sich dann wiederum neuen Aufgaben stellen zu können. Ein eigener Rhythmus von Anspannung und Entspannung ermögliche eine belastbare gesunde Leistungsbereitschaft über die langen Berufsjahre hinweg.[3] In Bildungseinrichtungen, aber auch in großen Unternehmen werden inzwischen zahlreiche Kurse zur Stressbewältigung, Entspannungsverfahren oder Strategien zur Gesundheitsvorsorge angeboten. Oft fehlen dabei aber der Spaßfaktor und die Freude an der Geselligkeit, die zu einer rundum entspannten Stimmung gehören. Im gemeinsamen Spielen können junge Erwachsene wieder Spaß und Vergnügen erleben, um sich gestärkt und erholt den Aufgaben des Alltags zu stellen.

Die 24-jährige Laura und der 25-jährige Max sind schon seit einigen Jahren ein „eingespieltes" Paar. Sie tun in ihrer Freizeit das, was viele junge Menschen in ihrem Alter tun: Bummeln gehen, Handyspielen, Fernsehen oder sich mit Freunden auf einen Drink treffen. „Was noch vor ein paar Jahren völlig uncool für uns gewesen wäre, bereitet uns jetzt wieder Freude und Spaß. Die gemeinsamen Spieleabende mit unseren Freunden sind wirklich ein Highlight in unserem Alltag. Viele Freizeitaktivitäten wie z. B. Bowlen sind uns einfach zu teuer."

Zurzeit sind Gesellschafts- oder Kooperationsspiele, wie z. B. „Die Siedler von Catan", „Life-Style" oder „TAC" der Renner im Freundeskreis.
Der japanische Entwickler von Videospielen Masao Suganuma spielt seit seiner Kindheit leidenschaftlich gern Gesellschaftsspiele. Mit dem Spiel des

---

[3] „Entspann Dich, Deutschland!" TK-Stressstudie 2016.

**Abb. 7.2** Science Fiction Treffen in Speyer (© http://www.regio-kult.de/event/10-science-fiction-treffen-am-23-24-september-2017-im-technik-museum-speyer/, mit freundlicher Genehmigung vom Technik Museum Speyer)

Jahres 2015, „Machi Koro – Bau Dir eine Stadt", hat er sich seinen Traum erfüllt, ein eigenes Gesellschaftsspiel zu entwerfen, wohl genau unter oben genannten Aspekten.

Junge Erwachsene finden sich auch oft in Gruppen zusammen, um ihren gemeinsamen Interessen nachzugehen. Sie schlüpfen dabei gerne in Rollen und gestalten ein gemeinsames Wochenende miteinander, indem sie in die Welt ihrer Stars oder in eine andere Welt, z. B. die des Mittelalters, eintauchen. Das stärkt ihr Gemeinschaftsgefühl und schafft einen vergnügten Ausgleich zum oft stressigen Alltagsleben. In vielen Städten und Gemeinden werden der Karneval oder der Fasching, aber auch Halloween mit aufwendigen Kostümen gefeiert oder geschichtliche Ereignisse einer Stadt nach monatelanger Vorarbeit nachgespielt (Abb. 7.2).

## Spielen, um sich körperlich zu spüren

Junge Erwachsene haben noch ein großes Bedürfnis nach Bewegung. Ob sie zum ersten Mal in einer Arbeitsstelle acht Stunden am Tag arbeiten oder studieren, häufig handelt es sich dabei um Kopfarbeit. Da viele noch keine

Familie haben, sind Sportspiele, die jetzt zeitlich noch eher realisierbar sind als später, ein wunderbarer Ausgleich. Im Fitnesscenter wird häufig ein festes Programm absolviert, oft alleine. Beim Fußball oder Volleyball ist das Spielgeschehen offener, kann jederzeit variiert werden und es wird das „Wir-Gefühl" erlebt. Der Kontakt mit anderen schafft eine gute Befindlichkeit:

Maria S. arbeitet als Rechtsanwaltsfachangestellte in einem Büro. Jeden Montag geht sie zum Volleyballspiel, das ist ihre Kraftquelle. Gefragt, was sie daran so schätzt, antwortet sie: „Jede von uns freut sich über jede, die kommt. Es ist absolut freiwillig, ich muss gar nichts, kann auch zu Hause bleiben. Gerade deswegen schaffe ich es wohl, mich nach der Arbeit doch immer wieder aufzuraffen und zu dem Montagstraining zu gehen. Während des Spiels vergesse ich dann alles, bin ganz dabei. Das ist schon faszinierend, in welch ganz anderem Zustand ich dann bin. Ich bin sehr froh, dass ich diese Gruppe und diesen Sport habe."

Jonas B. trifft sich in unregelmäßigen Abständen mit – meist männlichen – Freunden zu Paintball-Turnieren. Bei diesen Treffen, die auf alten Industrieanlagen oder sonstigem brachliegenden Gelände stattfinden, werden Teams gebildet, die sich dann mit Farbkugeln beschießen. Wer getroffen, d. h. markiert ist, muss das Feld verlassen. Dieser ursprünglich aus den USA stammende Mannschaftssport wird in Deutschland – speziell unter jungen Leuten- immer beliebter.

## Spielen, um die eigene Sexualität zu entdecken

Geht es in der Jugendzeit um das „erste Mal" und darum, es zu tun oder es nicht zu tun, verändert sich der Umgang mit der Sexualität, indem man sich nun die Frage stellt: mit wem. Oft kann erst jetzt – in längeren, stabilen Partnerschaften – der ganz individuelle Zugang zur eigenen Sexualität gefunden werden.

Paula (26 J.), war als 16-Jährige vom ersten Mal enttäuscht. Das große „Wunder" passierte nicht. Die Zärtlichkeiten vorher waren schön, und es gab eine gemeinsame Übereinstimmung mit ihrem damaligen Freund Alex, es jetzt zu tun. Aber dann tat es weh, obwohl Alex sehr vorsichtig war. Danach stellte sich bei ihr Ernüchterung ein, während er es offensichtlich weitaus mehr genossen hatte. In den Jahren danach, mit wechselnden Freundschaften, wurde es etwas besser. Aber sie hatte nie richtig Spaß daran. Nur die gemeinsame Zärtlichkeit und Intimität waren schön. Jetzt, mit ihrem Freund, die Beziehung besteht seit 3 Jahren, ist es ganz anders. Sie sagt dazu: „Früher wollte ich es richtigmachen. Heute weiß ich, dass es beim Sex kein richtig oder falsch gibt. Wir reden darüber, was uns gefällt oder nicht, jeder kann seine Wünsche äußern. Wir probieren uns aus. Es macht Spaß, es ist wie ein Spiel, jedes Mal etwas anders."

Durch die gewachsene Vertrautheit in der Partnerschaft kann sich jetzt eine spielerische Herangehensweise an die gemeinsame Sexualität entwickeln.

## Spielen, um mit anderen in Kontakt zu kommen

Manchen jungen Menschen ist es aufgrund ihrer Schüchternheit oder Andersartigkeit nicht gelungen, in der Jugend einen beständigen Freundeskreis aufzubauen. Sie geraten im Berufsleben oder im Studium mehr und mehr in die Isolation, denn auch unter Kollegen/Kommilitonen entstehen oft keine tiefer gehenden Kontakte. Hier können ausgewählte Spielangebote helfen, Gleichgesinnte zu finden und gemeinsame Interessen auszutauschen.

Der 24-jährige hochbegabte Tobias leidet seit seiner Kindheit an sozialen Ängsten. Er habe es nie geschafft, auf andere Menschen zuzugehen und führe nun als Erwachsener ein einsames Singleleben, obwohl er in seinem Beruf als Programmierer viel Bestätigung und Anerkennung findet. Von einer Partnervermittlung habe er den Tipp bekommen, sich bei einem Schachclub anzumelden und seine Einsamkeit mithilfe seines Hobbys zu überwinden. Seitdem ist der wöchentliche Treff zu einem festen Bestandteil in seinem Leben geworden. Tobias schwärmt, dass er nun in diesem strukturierten Rahmen viel selbstsicherer geworden ist und sogar an der bevorstehenden Schachmeisterschaft teilnehmen wird.

Aber auch im Berufsleben kann man – mit etwas Glück – spielerisch in Kontakt kommen:

„Zu Tisch, bitte!" so heißt ein Artikel in der Süddeutschen Zeitung, der von den positiven Eigenschaften des Tischfußballs in Büroräumen berichtet. Beim Tischfußball – eine Anschaffung, die speziell in der Start-up Bürokultur sehr populär ist – wird „ständig kommentiert, verspottet, geschrien" und nebenbei der Kopf durchlüftet. So können die lustigsten Minuten des Tages entstehen. „Die Freude am Kickern hat dabei gar nichts mit Frust am Job zu tun, es ist vielmehr eine große Pause, wie es sie früher in der Schule gab." Und diese Pause gibt es jetzt eben nicht nur für das Alter von 6 bis 18

Jahren, sondern auch für das Alter von 19 bis 65 Jahren. Der Artikel schließt mit den Worten: „Der Kickertisch ist wie ein sehr kleiner Pausenhof, den man in der Firma errichtet. Eineinhalb Quadratmeter fröhliche Anarchie".[4]

## Spielen, um ...

Natürlich können wir hier nur einige Ideen anführen, denn spielerische Möglichkeiten sind unendlich und haben auf jeden eine andere Wirkung. Das Faszinierende am Spiel besteht ja gerade darin, dass jeder Mensch auf die eigene Suche nach dem gehen kann, was für ihn im jeweiligen Lebensabschnitt gut und gesund ist. Aber könnte eine spielerische Tätigkeit auch von außen „verordnet" werden, wenn man davon überzeugt ist, dass sie dem Menschen guttut?

Nein, denn das Suchen und Finden einer erfüllten Existenz ist ein komplexer, individueller, lebenslanger Prozess, in dem jeder Mensch seine Handlungen für sich anders bewertet und andere Motivation aufzeigt. Hierzu die Antworten von drei jungen Menschen, die alle drei dasselbe Computerspiel mit gleichem Zeitaufwand spielen:

- Person A: *„Man kann es alleine spielen!* Nach einem anstrengenden Arbeitstag, wo ich den ganzen Tag mit anderen Menschen zusammen bin, freue ich mich, einmal ganz alleine einzutauchen in diese animierte Welt und mich dort auszutoben, ohne dass jemand was von mir will oder mich beeinflusst."
- Person B: *„Man kann es alleine spielen.* Ich weiß irgendwie, dass es für mich viele andere Dinge geben könnte, aber ich bin einfach zu bequem am Abend, und wenn mir langweilig ist, hab´ ich zumindest etwas zu tun, was mir die Zeit vertreibt."
- Person C: *„Man kann es alleine spielen…* Anfangs hat mich das Spiel sehr begeistert. Ich fand darin genau die Befriedigung meiner logischen und strategischen Fähigkeiten. Nun merke ich, dass es mich nur einseitig befriedigt, ich aber auch nicht mehr aufhören kann. Es hat mich abhängig gemacht. Ich merke, dass ich auf diese Weise nie Freunde finden werde. Obwohl ich mir die so wünsche, kann ich mich dem Sog des Spiels nicht entziehen."

---

[4]Süddeutsche Zeitung v. 25./26.11.2017.

**Auf den Punkt gebracht**
- Im spielerischen Tun werden Interessen, Werte und Haltungen ausgeformt und verschiedene Handlungsmöglichkeiten eingeübt.
- Aktive Entscheidungsprozesse können gedanklich (oder auch praktisch) durchgespielt werden.
- In der spielerischen Gestaltung seiner Freizeit kann der Erwachsene Kräfte und Energie für sein Leben im Alltag tanken. Er kann seine Ängste bewältigen und Stress abbauen.
- Es gibt keine „guten" und „schlechten" Spiele. Die Frage, wie jemand das Spielen bewertet und was ihn gerade zu diesem Spiel motiviert, kann jeder nur für sich selbst beantworten.
- Junge Eltern übernehmen eine Vorbildrolle, indem sie ihren Kindern von Anfang an zeigen, dass es sich lohnt, sich für seine Bedürfnisse einzusetzen und dass Spaß und Ausgleich zum Leben gehören.

Ja, aber – „Ich habe mich in meiner Freizeitgestaltung in eine Sackgasse manövriert und fühle mich nicht mehr aufgetankt, kann es sein, dass ich bereits süchtig bin nach dieser spielerischen Tätigkeit"?

Wenn Sie bemerken, dass Sie sich in ihrer Freizeitgestaltung in eine Sackgasse manövriert haben und Sie keinen Gewinn mehr am spielerischen Tun erkennen können, wenden Sie sich an eine regionale Sucht- und Beratungsstelle oder nehmen Sie therapeutische Hilfe an.

Wenn Sie schon Eltern sind und von den analogen Spielideen überzeugt und begeistert sind, Ihnen aber keine geeigneten Spiele mit Ihren Kindern einfallen, schauen Sie auf den Blog www.stadtlandmama.de. Hier haben sich die beiden Familienbloggerinnen Lisa Hartmann („Landmama") und Katharina Nachtsheim („Stadtmama") zusammengetan, um sowohl für Stadt- wie auch für Land-Kinder/-Familien Ideen der gemeinsamen Spielbeschäftigung zu sammeln.

**Gedankenspiele**
- Wann habe ich das letzte Mal ganz vertieft gespielt? Wie viel Zeit habe ich damit verbracht?
- Was ist das Spielen für mich: Ablenkung? Zeitvertreib? Auftanken?
- Was fasziniert mich beim Spielen alleine/mit anderen Erwachsenen/mit Kindern?
- Was sind günstige Bedingungen, damit ich zum Spielen komme?
- Wann war ich das letzte Mal beim Spielen ganz fasziniert?
- Wie fühle ich mich nach sportlichen Spielen? Was ist für mich der Unterschied zum Fitnesstraining?
- Wie lebendig fühle ich mich beim Spielen?

## 7.3 „Warte mal kurz, ich kann jetzt grad nicht" – wie man im mittleren Alter spielend gesund bleibt

„Das Spiel ist die höchste Form der Forschung".
Albert Einstein.

Mit diesem Titel möchten wir die Lebenswirklichkeit vieler Menschen im mittleren Alter (wir denken an die Altersgruppe 30+) umschreiben. Der Alltag mit Familie und Beruf, aber auch der vieler Singles, ist nun durchgetaktet und lässt oft keine Zeit für die spielerischen und spontanen Momente des Lebens zu. Uns läuft regelrecht die Zeit davon, um jene Dinge zu tun, von denen wir eigentlich wüssten, dass sie uns guttun. Insbesondere die faszinierenden Augenblicke des *Gesehenwerdens* im Kontakt mit anderen Menschen, wie wir sie anfangs beschrieben haben, scheinen in der anstrengenden Bewältigung des Alltags oft verloren gegangen zu sein. Übrig bleiben nicht selten Frust, Erschöpfung und das Gefühl, dass das doch nicht alles gewesen sein kann.

Wie wir in den Kap. 4 und 5 gesehen haben, nehmen sich Kinder ihren *Spielraum* noch ganz selbstverständlich und Jugendliche erkämpfen sich den *Raum der Möglichkeiten* manchmal ganz eigensinnig; in beiden Lebensphasen werden dem Menschen die spielerischen Anteile auch von außen noch zugestanden. Im mittleren Alter finden viele Menschen diese gesunde Balance zwischen täglichen Anforderungen und ausgleichenden erholsamen Phasen nicht mehr, was sich in der steigenden Anzahl psychischer Erkrankungen, speziell auch dem „Burn-out", dem „Ausgebrannt-Sein", widerspiegelt.

So schreibt der langjährige Leiter einer psychosomatischen Klinik:

„Erst wenn der physische und psychische Zusammenbruch erfolgt, werden die Menschen (kurzfristig) wach. Ich frage meine Patienten dann gern: Wann haben Sie zum letzten Mal etwas Schönes gemacht? Wann sind Sie an einem Fluss entlanggewandert? Wann haben Sie bewusst Vögel zwitschern gehört? Wann haben Sie das letzte Mal ein wirklich offenes und inniges Gespräch geführt? Nicht selten werde ich mit großen Augen angeschaut. Oder wenn ich frage: „Was tun Sie in Ihrem Leben damit es Ihnen gut geht?" Auch da ist die Antwort oft ein beklemmendes Schweigen" (Dogs 2017, S. 102).

Der bekannte Skispringer Sven Hannawald wurde gefragt, wie es zu seinem Erfolg, aber auch zu seinem Burn-out kam:

„Ich war erfolgskrank… Eine Ruhepause gilt gleich als Bequemlichkeit. Man lernt, sich über die Signale seines Körpers hinwegzusetzen. Am Ende bekommt man die Quittung, dass man gar nichts mehr machen kann". Er plädiert dafür, das Abschalten zu lernen und damit früh anzufangen, „zum Beispiel ganz einfach mit dem Ausmalen von Malbüchern".[5]

> **Spielball Wissen 7.2 – Salutogenese**
> 
> Der Begriff ‚Salutogenese' stammt von Aaron Antonovsky (1923–1994), einem israelischen Medizinsoziologen, der mit diesem Konzept die Entstehung von Gesundheit erforscht hat. Ein zentraler Aspekt in der Salutogenese ist das sogenannte Kohärenzgefühl (Sense of Coherence, SOC). Kohärenz bedeutet, Zusammenhänge im Leben zu verstehen, Vertrauen zu haben, aus eigener Kraft oder mit Unterstützung Lebensaufgaben zu meistern und einen Sinn im Leben zu sehen. Das Gegenteil von Kohärenz ist die Inkohärenz, dann fühlt man sich dem Leben gegenüber hilflos ausgeliefert und findet keinen Sinn im Leben. Die Lebenserfahrungen in der Kindheit und Jugend formen das Kohärenzgefühl, es ist aber keine feste Größe, sondern kann in der dialogischen Auseinandersetzung mit der Welt umgebaut und erweitert werden. (Antonovsky, Aaron 1997)

Das Spielen in seinen Qualitäten der Lebenskunst und der Potenzialentfaltung wieder zu entdecken, ist daher ein ganz wichtiger Baustein für diese Altersgruppe, um gesund zu bleiben. In dieser Lebensphase geht es aber auch besonders um die erwähnte Nachhaltigkeit des Spiels (siehe Kap. 3), also selbstgewählte Tätigkeiten als Kraftquellen wieder in den Lebensrhythmus aufzunehmen. Die Forschung beschäftigt sich neben der Entstehung und Aufrechterhaltung von Krankheiten seit Jahren zunehmend mit der sogenannten Salutogenese, der Wissenschaft von der Entstehung und Aufrechterhaltung der Gesundheit (abgeleitet aus salus = Heil, Gesundheit und genese = Entstehung) (siehe *Spielball Wissen 7.2 ‚Salutogenese'*). Es lassen sich mehr und mehr Belege dafür finden, wie sehr wir unsere Gesundheit bis ins hohe Alter selbst mit beeinflussen können. So zeigt die sog. Epigenetik auf, wie sich unser Verhalten und Erleben auf unsere Gene auswirken können, wie Joachim Bauer in seinem Buch „Das Gedächtnis des Körpers: Wie Beziehungen und Lebensstile unsere Gene steuern" anschaulich darstellt (Bauer 2013). Und auch die Molekularbiologin Elizabeth Blackburn und die Gesundheitspsychologin Elissa Epel schildern sehr plastisch und ein-

---

[5]Skispringer Sven Hannawald: Ich war erfolgskrank. Zeit Online 28.12.2017, aufgerufen 22.01.2018

drucksvoll, wie wir durch unseren Lebensstil einer vorzeitigen Zellalterung vorbeugen und eine gesunde Zellerneuerung fördern können (Blackburn und Epel 2017) (Abb. 7.3).

In zwei der längsten und umfangreichsten Studien, die je von Menschen über Menschen durchgeführt wurden, fanden Forscher heraus, dass wir genau eine Sache für ein erfülltes Leben brauchen: *gute Beziehungen*. In den auf 75 Jahre angelegten Harvard-Studien beobachteten sie über 700 Teilnehmer über Jahrzehnte zur Frage „Was macht den Menschen wirklich glücklich"? Es zeigte sich, dass es weder körperliche Gesundheit noch Geld waren, sondern eine Lebensgestaltung, in der gute Beziehungen gepflegt wurden. Das machte die Menschen gesünder und glücklicher.[6]

Für den Aufbau und die Aufrechterhaltung von Beziehungen ist das Spiel gerade auch in dieser Altersphase ein ganz zentrales Element, denn in einem Spielraum, jenseits der alltäglichen Pflichten und Sorgen, können stärkende und verbindende Kontakte mit Mitgliedern der Familie, wie mit Freunden, Sports- und/oder Arbeitskollegen stattfinden.

Was bedeutet dies nun konkret für diesen mittleren Lebensabschnitt, also was kann ich *tun*, wenn ich mich erschöpft, kraftlos, leer und ausgebrannt fühle?

**Abb. 7.3** Die Eleganz des Boule-Spiels (© Michael Petz, mit freundlicher Genehmigung)

---

[6]https://www.wertesysteme.de/glück/studie-über-glück

Halten Sie kurz inne und denken Sie in einem inneren, lebendigen Prozess über ihre verloren geglaubten spielerischen Fähigkeiten nach. Nehmen Sie sich Zeit, sich bewusst zu fragen, was Sie jetzt in diesem Moment wirklich brauchen und wie Sie das realisieren könnten. Auch in stressigen, anstrengenden Zeiten haben Sie eine gewisse „Ahnung" davon, wie Sie neue Lebenszufriedenheit erlangen. Sie müssen ja nicht ganz so radikal vorgehen, wie es sich Herr Borsig im nachfolgenden Cartoon, erlaubt (Abb. 7.4):

Wir möchten Sie nun einladen, einen „spielerischen Blick" auf Ihr Leben zu werfen. Gestalten Sie nachfolgend einen kleinen Wegweiser, der Ihnen immer dann Richtung geben kann, wenn Sie sich in einem Stimmungstief

© VG Bild-Kunst, Bonn 2019.

Herr Borsig hatte in seinem Leben vieles falsch gemacht.
Er beschloß daher, noch einmal ganz von vorn anzufangen.

**Abb. 7.4** © Bernd Pfarr, mit freundlicher Genehmigung

befinden und nach Auswegen suchen. Entdecken und sammeln Sie auf den Wegen kleine Schätze und nehmen Sie diese als Kraftpakete mit in Ihr tägliches Leben.

Wir haben Herrn Borsig einige phantasievolle Ideen in den Mund gelegt; im Anschluss können Ihnen reale Beispiele von Menschen in dieser Lebensetappe Ideen und Inspirationen mit auf den Weg geben (Tab. 7.1).

## Spielen um Selbstwirksamkeit und Kompetenz zu erfahren

Frau A., die nach der Trennung von ihrem Ehemann, welche durch seine Alkoholkrankheit und Gewalttätigkeit unumgänglich war, in eine tiefe Depression gefallen war, entdeckte das Nähen für sich. Ihre Großmutter hatte genäht und ihre Mutter hatte noch genäht. Für sie war das absolut altmodisch gewesen. Sie hatte sich auch nie eine Nähmaschine angeschafft. Im Laufe der begonnenen Psychotherapie stellte sich heraus, dass schon eine Leidenschaft für das Nähen im Verborgenen da war. Ermuntert, dieser Leidenschaft nachzugehen, besuchte Frau A. als erstes einen VHS-Wochenendkurs, um zu sehen, ob ihr das tatsächlich gefallen könnte. Nachdem sie sich dort sehr geschickt anstellte, kaufte sie sich eine Nähmaschine und besuchte weitere Nähkurse. Parallel dazu ging es Frau A. immer besser. Sie konnte sich wieder in ihrer Lebendigkeit fühlen, hatte viele Ideen und – nachdem sie sich in ihrer Ehe jahrelang hilflos und ohnmächtig gefühlt hatte – erlebte sie jetzt, dass sie aus eigener Anstrengung etwas bewirken kann. Heute hat sich Frau A. als Hobby auf die Fertigung von originellen Handtaschen und Handy- und Tablethüllen spezialisiert, die in einem Café verkauft werden und sich großer Nachfrage erfreuen.

Im Spiel und im spielerischen Ausprobieren vom eigenen Können überrascht und fasziniert zu sein, diese Erfahrungen können wir spielerisch im Alltag mit diversen Beschäftigungen machen, die wir uns ausgesucht haben und in denen wir unser Können erproben wollen. Zum Beispiel beim Malen, Töpfern, Gartengestalten, aber auch bei Geschicklichkeitsspielen, bei denen es um das Gelingen geht. Immer beliebter werden auch Herausforderungen, wie z. B. die ‚Live Escape Games', bei denen kleine Personengruppen gemeinsam in einem Raum oder eine kleine Anzahl

**Tab. 7.1** Wegweiser zum Glück im Spiel

| Mein Zustand heute: | Mein eigentlicher Wunsch könnte lauten: | Das habe ich dann früher gerne gemacht: | Das könnte ich heute auch noch tun: | Das macht Herr Borsig, wenn er sich so fühlt: |
|---|---|---|---|---|
| „Ich bin so erschöpft." | „Ich möchte mehr aus dem Vollen schöpfen!" | | | Herr Borsig erkannte, dass ihm das ‚couching' nicht weiter half, er wollte sein Leben bunter gestalten. In einem regelrechten Flow-Erlebnis setzte er in seinem Garten farbige kleine Akzente, die nun sein Auge und sein Herz erfreuen, wenn er durch den Garten geht |
| „Ich fühle mich leer und ausgelaugt." | „Ich muss wieder Kraft auftanken!" | | | In diesem Zustand liebt Herr Borsig seine Sammelleidenschaft; er kann wundervoll auftanken, indem er seine vielen Fotos anschaut, sortiert, einklebt, oder – ganz modern in seine digitalen Alben verschiebt |
| „Jeder will was von mir." | „Ich brauche mehr von anderen." | | | Herr Borsig erkannte, dass es nicht so schlau war, aus der Skatrunde auszusteigen. Er merkt erst jetzt, wie viel Spaß ihm dieses Spiel macht und nimmt sich vor, etwas toleranter gegenüber seinen Mitspielern zu werden. Gleich nächste Woche wird er wieder vorbei schauen |
| „Ich fühle mich heute so schwach und hilflos." | „Ich muss mich wieder stärken, wer hilft mir dabei?" | | | Hier beschließt Herr Borsig, seinen Traum nach einem eigenen Hund doch wahr zu machen. Jahrelang hat er ihn sich so sehr gewünscht, aber nun weiß er, dass es das Spielen und die Spaziergänge mit dem Hund sind, was er jetzt braucht |
| „Alles erdrückt mich gerade" | „Ich muss Ballast abwerfen." | | | Das ist schwierig für Herrn Borsig, liebte er doch seinen Posten als Vereinsvorstand beim Tischtennis so sehr, empfindet ihn heute jedoch erdrückend und anstrengend. Er wird zurücktreten müssen... |

(Fortsetzung)

Tab. 7.1 (Fortsetzung)

| Mein Zustand heute: | Mein eigentlicher Wunsch könnte lauten: | Das habe ich dann früher gerne gemacht: | Das könnte ich heute auch noch tun: | Das macht Herr Borsig, wenn er sich so fühlt: |
|---|---|---|---|---|
| „Mir fehlt die Leichtigkeit im Leben." | „Darüber muss ich ernsthaft nachdenken!" | | | Ernsthaft über Leichtigkeit nachdenken? Das kann Herr Borsig am besten mit seiner Frau. Sie beschließen die Leichtigkeit des Seins mit in ihr Leben zu nehmen und planen einen Tag in der Woche ein, nichts zu planen… |
| „Mir läuft die Zeit davon." | „Ich möchte mein Leben etwas entschleunigen, aber wie?" | | | Hier erinnert sich Herr Borsig an das Motto seiner Großmutter: „Wenn es pressiert – erstmal innehalten und durchschnaufen!" Tatsächlich hat er wegen seiner Ungeduld als Kind viel Lehrgeld zahlen müssen. Heute weiß er, dass die Zeit eine konstante Größe ist, die er nicht beeinflussen kann. Er wollte den Satz seinen Kindern vorleben, was ihm in stressigen Zeiten nicht immer gelang. Wahrscheinlich muss er auch erst Opa werden… |
| „Ich fühle mich immer angespannt und gestresst." | „Ruhe und Entspannung müssen her!" | | | Herr Borsig und seine Frau haben vor einigen Jahren begonnen, den Morgen mit einem Backgammonspiel zu beginnen, amüsanterweise um Geld. Ist die Spardose gefüllt, werden interessante Städtereisen gemacht, für die beide ein Faible haben. Dieses Ritual entspannt und macht beiden Spaß |
| „Ich fühle mich so ausgebrannt." | „Ich möchte wieder für etwas brennen!" | | | Herr Borsig brennt schon seit seiner Kindheit für die Flugtechnik. Schon lange wünscht er sich, ein Modellflugzeug selbst zu bauen und in die Luft zu bringen. Warum hat er nur so lange gewartet, bis er tatsächlich damit begonnen hat? |

Räume eingesperrt werden. Sie müssen ihr „Gefängnis" innerhalb einer vorgegebenen Zeit (zumeist 60 min) mithilfe der darin versteckten Hinweise und Gegenstände wieder verlassen.

Hier noch drei Ideen von Menschen, die sich im spielerischen Umgang selbst herausfordern:

- Der Hobbyhandwerker baut einen Zaun, es fehlen ihm aber einige Zubehörteile, die er unbedingt braucht. Da die Geschäfte bereits geschlossen sind, denkt er sich Alternativen aus, probiert diese durch und ist am Ende ganz fasziniert, dass er mit diesen Einfällen die fehlenden Teile nahtlos ersetzen konnte.
- Der Dartspieler, dem nach langem Üben nacheinander mehrere Superwürfe gelingen.
- Die Sudoku-Spielerin, die sich erschöpft an das neue Rätselspiel macht und nach dem Gelingen ganz glücklich ihren weiteren Arbeitsaufgaben nachgeht.

## Spielen, um Schönheit, Perfektion zu erleben

Der legendäre Musikkritiker Joachim Kaiser schrieb in bereits hoch betagtem Alter an den jungen Klaviervirtuosen Igor Levit „Seit ich Sie und Ihre unvergessliche Interpretation der Diabelli-Variationen kennengelernt habe, fängt für mich – Sie werden es kaum glauben – beinahe ein neues Leben an."[7]

Kunstwerke, eine gelungene Theaterinszenierung, Musik in all ihren Facetten aber auch die perfekte Drehung beim Turnen können in ihrer Schönheit und Perfektion faszinieren. Die wunderbaren, kunstvollen Höhlenzeichnungen von Lascaux zeigen, dass die Menschen bereits vor 20.000 Jahren von der Schönheit einer Darstellung fasziniert waren.

### Spielen Sie mit dem Feuer

Zünden Sie in den Wintermonaten – oder sonst, wenn Ihnen danach ist – eine Kerze an, nehmen Sie Ihren Atem bewusst wahr und dann schauen Sie der Flamme und ihren flackernden Bewegungen in aller Ruhe zu. Das ist faszinierend, genauso wie beim Ausblasen der Flamme danach, wenn Sie den in den unterschiedlichsten Formationen aufsteigenden Rauch beobachten.

Beim Lagerfeuer können Sie dann dasselbe „in groß" erleben.

---

[7]Süddeutsche Zeitung v. 02.02.2017

Weitere Beispiele, die zeigen, wie unterschiedlich die ‚magische Anziehungskraft' sein kann:

- Der Fußballspieler, der beim Fußballspiel eine Flanke zum absolut richtigen Zeitpunkt in der perfekten Kraftdosierung an den richtigen Mitspieler schießt.
- Die Leserin, die beim Lesen von der Schönheit der Sprache fasziniert ist.
- Die junge Frau in der Gemäldeausstellung, die voller Faszination ein Bild betrachtet.

## Spielen, um sich selbst zu erfahren

Elke Loepthien schreibt über ihre Erfahrungen in einer Schauspielschule: … „In intensiven Körperimprovisationen durchbrachen wir Blockaden und ließen Geschichten aus der Tiefe entstehen. Zwei Stunden dieser Arbeit fühlten sich an wie ein ganzes Leben, mit Liebe und Hass, Mord und Wiedergeburt, Angst, Vergeltung, Euphorie und Ekstase. Das Erleben war echt und immer mein eigenes. Und das Spiel wurde für mich zum Mittel für ein intensiveres Sein" (Loepthien 2012).

Im Spiel kann ich immer wieder neue Facetten an mir entdecken. Am stärksten ist dies sicher beim darstellenden Spiel ausgeprägt. Ich probiere mich im Rollenspiel aus, lerne die verschiedensten Facetten an mir kennen. Nicht ohne Grund gewinnt das „Live Action Role Play" (LARP), in dem die Beteiligten in einem meist selbst gefertigten Gewand und in einem speziellen Setting unter anderem Abenteuerspiele veranstalten und Schlachten oder sonstige historische Ereignisse nachspielen, immer mehr Mitspieler.

Aber auch als Zuschauer kann ich tief bewegt werden und Selbsterfahrungen machen. So schreibt der Schweizer Theologe und Autor Pierre Stutz: „Seit 45 Jahren gehe ich leidenschaftlich gerne ins Kino, weil ich dort tief angerührt werden kann und Momente erlebe, in denen ich voll da bin – und ganz weg …. Raum und Zeit sind wie aufgehoben – in gewissen Filmszenen erlebe ich Zeitlosigkeit, weil meine Sehnsüchte, Ängste und Hoffnungen in Bild und Wort verdichtet sind. So fühle ich mich gesehen, angesprochen, entlassen zu mir selbst. Ich kann meine Einmaligkeit entdecken, indem ich mein Leben in etwas Größerem einordnen kann" (Stutz 2015, S. 7 ff.). Der junge Regisseur Lionel Baier (geb. 1975) meint in einem Interview mit Pierre Stutz: „Das Kino ist eine Möglichkeit, über das hinauszuwachsen, was das Leben für uns vorgesehen hat. Ich hasse den Ausdruck ‚C'est la vie!' Das Leben ist dazu da, um verwandelt zu werden" (ebd. S. 193).

**Einige Beispiele, wie sich Menschen vom Spiel faszinieren lassen:**

- Die ‚Role Play Convention', eine Messe in Köln aus dem Bereich „Phantastic", zieht jährlich Zehntausende Besucher, sehr viele verkleidet, in ihren Bann. Im normalen Leben Lehrer oder Steuerberater, können sie sich hier unerkannt mit Gleichgesinnten in einer ganz anderen Identität austauschen und sich über neue Produkte und Trends informieren.
- Der Manager, der beim Coaching im Rollenspiel verschiedene Möglichkeiten, seine Argumente zu vertreten, ausprobiert und neue Lösungen findet.
- Matthias, ein 42-jähriger verheirateter Zimmerer mit zwei Kindern, spielt seit einiger Zeit in der Laienspielgruppe des Ortes Theater. Zurzeit wird der Brandner Kasper aufgeführt. Es war nicht einfach für ihn, neben Beruf, Familie und Hausrenovierung die Zeit und die Überwindung aufzubringen, regelmäßig in die Theaterproben zu gehen. Er beschreibt den großen Unterschied zum Fernsehschauen und den virtuellen Spielen so, dass ihn das Theaterspielen in seiner gesamten Person erfüllt und er Energie auftanken kann, die er für das anstrengende Leben braucht: „Mit dem Anfassen und Hineinschlüpfen in das Kostüm fühle ich einfach ganz real den Unterschied zum Alltag und ich kann mit allen Sinnen in die Rolle eintauchen". Genau dies gelinge ihm beim Spielen am Computer nicht.

## Spielen, um sich schöpferisch zu betätigen

Das freie, selbstbestimmte Spiel ist die Ressource des Kindes schlechthin. Eine Ressource, also eine Kraftquelle, die auch Erwachsene wiederentdecken können: 1912, als der Psychoanalytiker C.G. Jung Privatdozent an der Universität in Zürich war, hatte er das Gefühl, festzustecken, nicht lebendig zu sein. Auf einmal fiel ihm ein, wie er als Junge mit ca. 11 Jahren leidenschaftlich gerne mit Bausteinen gespielt hatte und alle möglichen Bauten entwarf. Da war die Lebendigkeit, nach der er suchte! Und was machte Jung? Er fing wieder an zu spielen. Er beschreibt dies als Wendepunkt in seinem Leben – trotz der anfänglichen Demütigung, die es für ihn bedeutete, sich als erwachsene Person wieder dem Spielen zuzuwenden. Nach dem Mittagessen, bis die ersten Patienten kamen und nach dem Abendessen, wenn er keine weiteren Termine hatte, ging er täglich an das Ufer des naheliegenden Sees und spielte und baute selbstvergessen mit den dort herumliegenden Steinen. Er schreibt: „Dabei klärten sich meine Gedanken und ich konnte die Phantasien fassen, die ich ahnungsweise in mir fühlte" (Jaffé 1986, S. 178).

Spielen heißt hier: Schöpferisch tätig sein können, ohne auf ein Ergebnis festgelegt zu sein, nach dem uralten Motto: Der Weg ist das Ziel.

In dem Moment, in dem ich mich einer Sache aktiv im Tun zuwende, entsteht eine eigene Dynamik. Ein wechselseitiger Austausch zwischen dem, was ich gestalte und einem inneren Abgleichen: da muss noch etwas Dunkles in den oberen rechten Rand des Bildes, bei der Holzskulptur muss der Mantel noch etwas geschwungener rausgearbeitet werden, der Ton in dem Musikstück muss noch mehr pointiert werden, bei der Gestaltung eines Blumenbeetes: die Pflanze passt da farblich nicht rein. Konzentration und Faszination geben sich dabei oft die Hand. Am Anfang bemühe ich mich um Konzentration, dann kann diese Konzentration mehr und mehr von der Faszination für das Schöpferische abgelöst werden, es geschieht von alleine, und ich verliere das Gefühl für die Zeit. Die Faszination geht in ein Flow-Erlebnis über.

Dies geschieht beim Malen, Gestalten, Dichten, dem Spiel mit Farben und Worten, dem Spiel mit Musik, beim neugierigen Forschen in der Natur und mit der Technik, wie wir an folgenden Beispielen sehen können:

- Die Hobbymalerin, die ein Bild malt und nachher sagt: „Ich war wie in Trance".
- Der sogenannte Guerilla-Gärtner, der in Berlin und anderen Städten Stadtgärten anlegt.
- Der junge Mann in der U-Bahn, der nach einem Date mit seiner Freundin in Gedanken mit poetischen Liebesworten spielt.

## Spielen, um Neues zu erleben und zu entdecken

Oft werden wir von anderen in die Faszination des Spiels hineingezogen. Wenn wir uns darauf einlassen, hinterlässt das Erlebte Spuren der Lebendigkeit und stößt uns zu Neuem an, wie z. B. diese Eltern:

Nach einem Vortrag im Kindergarten, in dem die junge Buchhändlerin Kerstin T. Bücher für Kinder dieser Altersstufe vorgestellt hatte, schlägt sie den Eltern zum Abschluss ein Spiel vor.

**Anweisung**

Alle Eltern setzen sich in einen Halbkreis, vor den Halbkreis wird ein Stuhl gestellt. Allen Eltern werden vorbereitete Zettel ausgeteilt. Dann wird nacheinander eine Mutter/ein Vater gebeten, sich für ca. 30 Sekunden auf den Stuhl vor der Gruppe zu setzen. Dies löst erst einmal ein mulmiges Gefühl bei einigen aus, was sich dann aber im Laufe des Spiels schnell ändert.

Die Eltern im Halbkreis werden gebeten, einen positiven Begriff, das erste, was ihnen bei der Person auffällt, mit nicht mehr als zwei Wörtern, aufzuschreiben. Nicht groß nachzudenken, sondern gleich das zu notieren, was als erstes kommt: das kann die flotte Kurzhaarfrisur sein, der bunte Schal, die schönen Augen, die farbigen Schuhe, der lebendige Ausdruck, das freundliche Gesicht etc.

Nach den ca. 30 Sekunden werden die Zettel eingesammelt und die nächste Person setzt sich auf den besagten Stuhl. Alle kommen einmal dran, jede Person nimmt ihre Zettel mit. Die Anweisung lautet, die Zettel nicht gleich zu Hause anzuschauen, sondern auf den richtigen Zeitpunkt zu warten, es sich dann richtig gemütlich zu machen und ganz in Ruhe Zettel für Zettel anzuschauen. Jede Person entscheidet dann selbst, ob sie diesen „Schatz" mit anderen teilen oder lieber für sich behalten möchte.

Nach diesem Spiel, das in die vorher eher still zuhörende Personengruppe – schon bei der Vorbereitung – eine lebhafte Dynamik reingebracht hatte, gehen alle ganz bewegt nach Hause.

Bei vielen Spielen, ob ich etwas gestalte (Malen, Töpfern, Dichten, Gartengestalten etc.) und dabei immer wieder etwas ausprobiere, oder mich mit einem Wissensgebiet vertieft beschäftige, werde ich neue Aspekte entdecken, die mich überraschen und auch faszinieren.

Auch wenn ich eine Darstellung (ein Bild, ein Schauspiel, ein Konzert) betrachte bzw. als Zuschauer oder Zuhörer erlebe, kann mich diese Darstellung in ihrer ganz eigenwilligen, für mich überraschenden Darbietung faszinieren.

Beispiele für faszinierende Beobachtungen:

- Der Hobby-Aquarianer, der bei genauerer Betrachtung im Verhalten der Fische immer wieder Neues entdeckt.
- Der Zuschauer im Improvisations-Theater oder beim Slam-Poetry, der ganz neue Assoziationen und Wortspiele erfährt.
- Der Zuschauer in einem Dokumentarfilm, der neue Eindrücke mit nach Hause nimmt.

## Spielen, um sich körperlich zu spüren, zu messen, körperliche Grenzen zu erfahren

Herr B. hatte sich als Autohändler selbstständig gemacht. Nach einer wirtschaftlichen Rezession in seiner Branche lief es aber nicht mehr gut. Herr B. fühlte sich bald nur noch als Versager, entwickelte depressive Verstimmungen und zog sich immer mehr von sozialen Kontakten zurück. Da er in seiner Jugendzeit gerne gelaufen und geschwommen war, bot sich an, ihm die Reaktivierung seiner sportlichen Fähigkeiten vorzuschlagen, was er als erstes vehement – absolut keine Zeit und Kraft dafür – ablehnte. Da in den psychotherapeutischen Sitzungen immer mal wieder ganz kurz seine frühere Lebendigkeit aufblitzte und ihm dies widergespiegelt wurde, kam er ganz langsam in Kontakt mit dieser „verschütteten Seite". Er wurde mehr und mehr neugierig, sich tatsächlich noch einmal sportlich auszuprobieren. Zaghaft fing er mit seinen früheren Disziplinen Laufen und Schwimmen an und war überrascht, dass er es noch konnte und – wie gut er sich danach fühlte. Kurz gesagt, Herr B. fand dann zum Triathlon und genoss es, sich und seine Grenzen körperlich zu erfahren. Er fand Gefallen daran, wieder mit anderen in Kontakt zu sein und er begann auch in seiner Firma wieder Erfolg zu haben.

Auch Erwachsene haben ständig Bewegungsimpulse. Spielen Sie damit, indem Sie sich ab und zu recken und strecken, den Fuß bewegen, das Bein, die Arme. Folgen Sie den Bewegungsimpulsen, die in dem Moment entstehen, in dem Sie die Aufmerksamkeit auf Ihren Körper richten. Wenn Sie sich dafür auch nur ganz kurz Zeit nehmen, werden Sie sofort den Unterschied spüren. Sie sind bei sich, wenn Sie nach innen horchen, diese Bewegungsimpulse wahrnehmen und ihnen nachgeben. Das kann sehr faszinierend sein und kann auch sitzend auf dem Schreibtischstuhl passieren. Weitere Hinweise, sich einfach so zu bewegen, finden Sie im nächsten Abschnitt.

Unsere Kräfte, Beweglichkeit, Ausdauer etc. zu erkunden, auch das ist etwas, was wir ins Erwachsenenalter hinübernehmen. Das, was Kinder im freien Spiel ausleben, das wird jetzt kanalisiert im Rahmen von Sport erfahren. Wo sind meine Grenzen? Wie viel halte ich aus? Wie sieht meine persönliche Leistungssteigerung aus? Das macht Sport für viele Menschen – ganz unabhängig von dem Motto „Sport ist gesund" – faszinierend. Wenn ich eine Sportart kennengelernt habe und ausübe oder eine Zeitlang ausgeübt habe, dann ist mein Blick detailreicher, und ich bin auch vom Zuschauen fasziniert. Mich fasziniert dann das Können, besonders wenn es mit Schönheit und Eleganz gepaart ist.

Spielen Sie mit ihren körperlichen Grenzen wie diese Menschen:

- die Bürokauffrau, die zwischendurch Kopf oder Hände kreisen lässt.
- der Jogger, der aus Spaß mal langsamer und mal schneller rennt.
- der Halb-Marathonläufer, der von seiner neuen Bestleistung überrascht ist.
- die Reiterin, die nach dem dritten Versuch endlich den Sprung über das 1,20 m hohe Hindernis schafft.
- der Tennisspieler, der in einem Flow einen weitaus stärker eingeschätzten Spieler besiegen kann.

## Spielen, um mit allen Sinnen Erfahrungen zu machen: Sehen, hören, fühlen, schmecken, riechen

Für einen gemeinsamen Nachmittag von Ehrenamtlichen in der Behindertenhilfe hatte die Leitung das Motto: ‚Modenschau mit Naturmaterialien' vorgeschlagen. Es war ein sonniger Herbsttag, die Gruppe fuhr in den Wald und jeder suchte sich dort sein „Kleidungsstück" zusammen. Intensiv wurde geschaut: Welche Farben sind da, was passt zu wem? Dann wurde gerochen: Ist das jetzt zu modrig oder ist es einfach nur würzig? Anschließend wurde gefühlt: Wie klebrig, bemoost, fragil ist das Stück, das ich gerade in der Hand habe? Und ebenso wurde geschmeckt, da noch vereinzelte Brombeeren entdeckt wurden. In ausgelassener Stimmung ging dann die Modenschau mit viel Lachen „über die Bühne". Ein Picknick rundete diese Freizeit ab. Mit Lebendigkeit „aufgetankt" fuhren die Teilnehmer nach Hause.

Während ein kleines Kind, das im Frühsommer zum ersten Mal barfuß auf einer Wiese geht, die Grashalme und Blumen sehr genau wahrnimmt und befühlt, sind wir an sehr viele Eindrücke längst gewöhnt. Doch auch hier gibt es Ausnahmen. Die Praxis der Achtsamkeit (s. Kap. 2) hat gezeigt, dass wir wieder lernen können, genau und behutsam ganz alltägliche Handlungen wahrzunehmen. Diese intensivierte Wahrnehmung findet sich auch bei Menschen, die sich mit einem Thema speziell beschäftigen. So nimmt ein leidenschaftlicher Schwimmer zum Beispiel unterschiedliche Wasserqualitäten auf der Haut wahr, ein Musiker die verschiedenen Klangqualitäten, ein Hobby-Geologe die unterschiedlichen Gesteinsmerkmale.

Ein intensives Wahrnehmen braucht Zeit und ein gewisses Innehalten zum Spüren, Hören oder Sehen. Wenn ich in Eile bin, dann wird meine Wahrnehmung gröber und oberflächlicher. Ein Spielen, bei dem die Sinnesqualitäten im Vordergrund stehen, führt demzufolge auch zu einer Entschleunigung.

Konzentrieren Sie sich bei einem Spaziergang in der Natur, den Sie alleine für sich machen, einmal nur auf jeweils eine Sinnesqualität:

### Sehen
Was sehe ich für Farben, Strukturen, Muster um mich herum – seien es Bäume oder Pflanzen aller Art, Wiesen oder Felder, aber auch Gegenstände wie ein Hochsitz, herumliegende Papiertüten etc. Welche Bewegungen nehme ich wahr?

**Hören**
Was höre ich an unterschiedlichen Geräuschen? Wie laut, wie leise sind sie? Welcher Rhythmus, welche Klangqualität kann ich erkenne?

**Fühlen**
Wie unterschiedlich fühlt sich die Luft am Gesicht und an den Händen an? Wie fühlt sich der Boden unter den Füßen an? Wie fühlen sich verschiedene Baumrinden an?

**Riechen**
Jeder Tag riecht anders, können Sie riechen, wenn ein Gewitter in der Luft liegt? Wenn die Lindenbäume blühen oder Sie an einem Rosenstrauch vorbeigehen?

**Schmecken**
Probieren Sie auf Ihrem Spaziergang verschiedene Kräuter und Früchte erst mit offenen und dann mit geschlossenen Augen, und spüren Sie die unterschiedlichen Geschmacksnuancen.

Wenn Sie das öfter wiederholen, wird Ihre Wahrnehmung immer genauer und differenzierter: Sie erleben mehr, und Sie werden sehr viel Schönheit um sich herum entdecken.

Sehen Sie, wie Menschen ihre Wahrnehmung schärfen:

- Der Radfahrer, der den Rhythmus seiner sich gleichmäßig bewegenden Beine spürt.
- Der Musiker, der beim Konzert die verschiedenen Klangqualitäten bei den Oboen heraushört.
- Der Pokerspieler, der ganz genau den Gesichtsausdruck seines Mitspielers abzulesen versucht.

## Spielen, um Gemeinschaft zu erleben

Herr und Frau W., Mitte 30, mit kleineren Kindern, treffen sich seit einiger Zeit alle 14 Tage mit einem 10 Jahre älteren Ehepaar aus der Nachbarschaft, um gemeinsam Doppelkopf zu spielen. Es wird gespielt, geredet, gelacht und es werden auch Erfahrungen über Kindererziehung ausgetauscht, da das ältere Ehepaar schon „große Kinder" hat. Da sich die Lebenswelten sonst kaum überschneiden ist im Alltag meist nur Zeit, sich kurz zuzunicken. Das „Ritual" des Kartenspielens schafft zu diesen Nachbarn eine Verbindung, die von beiden Seiten sehr geschätzt wird.

**Abb. 7.5** Geschichtspark Bärnau-Tachov, mit freundlicher Genehmigung (© Fotograf Klaus Schicker)

Gerade Brett- oder Kartenspiele mit Freunden können gut in den Alltag integriert werden, um sich zusammen eine Auszeit zu gönnen. Gemeinsame Radausflüge oder Besuche von Sportveranstaltungen gehören auch hierhin.

Aber Gemeinschaft kann auch ganz anders erlebt werden:

Herr S. fährt jedes 2. Wochenende mit seiner Frau in den Geschichtspark Bärnau-Tachov, um dort, gekleidet in einer mittelalterlichen Tracht, das Wochenende in einem mit Freunden gebauten Haus aus dem Hochmittelalter zu verbringen. Das Interesse für Geschichte sorgt dafür, dass alles absolut authentisch ist – die Kleidung wird selbst genäht, das Feuer mit Zunderschwamm und Kohlepäckchen entfacht. Und es geht darum, sich auszuprobieren und Neues zu entdecken, aber eben auch um Gemeinschaft. So wird in der Gemeinschaft das getauscht, was einem fehlt (Abb. 7.5).[8]

Noch ein paar spielerische Ideen:

- Spieleabende mit Freunden
- Gemeinsam mit Freunden und deren Kindern zu einem Kindertheater fahren

---

[8]Der Neue Tag v. 26.08.2013

- Mit Gleichgesinnten – in einschlägigen Vereinen oder ohne diese – Eisenbahn aufbauen und spielen oder Hubschrauber basteln und fliegen lassen etc.

## Spielen, um wieder Kraft zu schöpfen

Wenn Sie gerade durch eine sehr anstrengende Zeit gehen, vielleicht, weil Sie beruflich sehr gefordert sind oder pflegebedürftige Angehörige Sie an die Grenze ihrer Belastbarkeit bringen und Sie keinerlei Zeit haben, sich in irgendeiner Form mit einem Spiel abzugeben. Dann versuchen Sie, aus der Situation in der Sie gerade sind und die sich – davon gehen wir jetzt aus – im Moment nicht wirklich ändern lässt, immer mal wieder ein Spiel zu machen. Das ist eine rein mentale Betätigung, die Situation ändert sich nicht, aber Ihr Blick auf die Situation. Wenn Sie sich zum Beispiel Ihre Familiensituation – und mag sie noch so chaotisch sein – als Drehbuch einer Vorabendserie vorstellen, wie Frau U. es uns zeigt:

Silke U. (56 J.), von Beruf Architektin, hat zu Hause drei Angehörige zu betreuen. Ihren Mann, der an Multipler Sklerose erkrankt ist und seit einem Jahr im Rollstuhl sitzt und ihre Eltern, die beide – über 90 Jahre alt – im Obergeschoß des Hauses wohnen. Die Mutter hat eine demenzielle Erkrankung und kann sich alleine überhaupt nicht mehr zurechtfinden, ihr Vater ist geistig noch fit, ist aber mit 93 Jahren körperlich schnell an seinen Grenzen angelangt. Frau U. arbeitet noch zwei Tage die Woche in einem Architekturbüro, mit einem Augenzwinkern sagt sie, das wären ihre zwei Erholungstage in dem ganzen Chaos, das täglich auf sie einstürmt. Frau U. schultert die Pflege bisher alleine, nur unterstützt von einem medizinischen Pflegedienst, der einmal pro Tag kommt. Obwohl sie nie eine Nacht durchschlafen kann, da sie immer von mindestens einer der drei Personen gebraucht wird, ist sie fest entschlossen „durchzuhalten", solange es geht. Dem Vorschlag, etwas Spielerisches in diese Situation einfließen zu lassen, begegnet sie anfangs mit Skepsis, greift ihn dann aber auf. Sie wird gebeten, sich einfach ab und zu „diesen ganz normalen Wahnsinn", wie sie es nennt, als Folge einer Vorabendserie zu sehen. Titel: ‚Irrungen und Wirrungen im Leben der Familie U'. Schon bei dem Gedanken muss sie schmunzeln. Gleichzeitig ist sie erleichtert, dass sie nichts extra tun muss oder soll, sondern dass dies eine rein geistige Tätigkeit ist, die keine zusätzliche Zeit beansprucht.

Als nächstes berichtet Frau U., dass sie mit dem Vorschlag herumgespielt hat. Mal hat sie sich als Hauptdarstellerin in dieser „Serie" gesehen, sich ganz damit identifiziert und sich vorgestellt, wie sie von der Kamera bei ihren Tätigkeiten und Interaktionen gefilmt wird. Ein anderes Mal hat sie sich vorgestellt, sie schaue sich als Zuschauerin das Ganze an und sehe sich, ihren Mann und die Eltern in Aktion. Sie hat diese Spiele, in der einen oder anderen Form, immer mal wieder durchgespielt und sie sagt: „Ich war fasziniert, wie anders sich mein Leben in diesem Spiel angefühlt hat. Ich war plötzlich wieder lebendiger, es hat einfach wieder etwas Farbe in mein Leben gebracht. Ich habe mir jetzt einen Zettel auf den Tisch gelegt, darauf steht ‚Film ab', sodass ich immer wieder daran denke, gerade wenn ich eher „am Ende bin", dieses Spielerische einzublenden."

## Spielen, um ins Land der Phantasie einzutauchen und Visionen zu entwickeln

‚Der Traum einer Stadt', so lautet die Überschrift eines Artikels über Vincent de Waele, einen Wirtschaftler, der in diversen Unternehmen gearbeitet hat und der nach den Terroranschlägen 2016 in Brüssel den Impuls hatte, der sich ausbreitenden Angst und Unsicherheit etwas entgegenzusetzen. Er wollte dazu beitragen, dass Brüssel die Stadt seiner Träume wird, eine Stadt, die sich nicht durch Angst und Verzweiflung definiert, sondern durch Gastfreundschaft, Innovation, Kreativität und Verbundenheit. Vincent de Waele: „Schon bald merke ich, dass ich nicht der Einzige bin, der diesen Traum hat. Es gibt schon so viele Projekte, die Brüssel zur Stadt unserer Träume machen." So gründete er eine Organisation, „Reinventing Brussels", die städtische Initiativen, Gemeinschaften und Aktivisten verbindet, um gemeinsam die Stadt seiner Träume zu verwirklichen. Er und seine Mitarbeiter erlebten dabei viel Unterstützung, und es ergaben sich viele kleine Schritte in dieser Richtung. De Waele: „Es gibt kein Führungsgremium, sondern wir entwickeln das Projekt gemeinsam. Es liegt an uns, es ständig zu nähren und zu bereichern, damit wir alle mit der Vision des Projekts in Verbindung bleiben. Auf diese Weise wird es zu einem verbindenden Traum – und Träume sind sehr kraftvoll, wenn wir sie miteinander teilen und es wagen, sie zu leben."[9]

---

[9] evolve (2017), Ausgabe 16, S. 24–25

In der Phantasie werden Zukunftsszenarien ausgemalt, die entweder das Ich oder die Gesellschaft betreffen. In der Phantasie gibt es keine Grenzen, keine Beschränkungen, alles ist möglich. Dies kann für die eigene Identität stärkend und verändernd sein, nicht ohne Grund werden Visualisierungen (bildhafte Vorstellungen) und Phantasiereisen im psychotherapeutischen Rahmen wie im Kontext von Entspannung, aber auch im beruflichen Coaching oder in gesundheitlicher Rehabilitation sehr häufig eingesetzt. Auch gesellschaftliche Veränderungen gehen oft von solchen Tagträumen oder Visionen aus: „Wenn einer allein träumt, ist es nur ein Traum. Wenn Menschen gemeinsam träumen, ist es der Beginn einer neuen Wirklichkeit" (Helder Camara). Ebenso nehmen sie Kunstwerke vorweg, aber auch wissenschaftliche Erkenntnisse werden manchmal spielend im Tagtraum geboren.

So erschien dem Chemiker August Kekulé im Traum der Aufbau des Benzol-Moleküls, nachdem er lange erfolglos gesucht hatte.[10] Ähnlich soll der Chemiker Dmitri Mendelejew in einem Traum die Ordnung des Periodensystems gesehen haben und der Beatle Paul McCartney die Grundmelodie des Songs „Yesterday" im Schlaf gefunden haben.

Wenn wir auf diesem Planeten überleben wollen, ist eine Wende zur globalen nachhaltigen Bewirtschaftung der Erde absolut notwendig. Träume und Visionen, aus denen dann innovative Handlungsansätze entstehen können, spielten und spielen dabei eine große Rolle.

Visionen können gedanklich, praktisch oder spielerisch umgesetzt werden:

- Eine englische Firma schaffte neben einer Tischtennisplatte in den Büroräumen auch eine Kreativitätsecke mit großen, weichen Polstern an, viele neue Ideen wurden in dieser Ecke schon geboren (Abb. 7.6).
- Das Spiel mit Visualisierungen ist ein fester Bestandteil des mentalen Trainings im Sportcoaching, z. B. in der Imagination sich vorzustellen, wie man den perfekten Aufschlag beim Tennis macht, beim Elfmeterschießen den Ball ins Tor platziert, beim 100- m-Lauf siegreich durch die Ziellinie läuft.
- Die Hobbygärtnerin Marlies S. spielt seit Jahren mit dem Gedanken, nach London zur Chelsea Flower Show zu fahren. Obwohl sie sehr sparsam leben muss, ist der Wunsch irgendwann so groß, dass sie zum Erstaunen aller Freunde und Bekannten, die ihr das nie zugetraut hätten, tatsächlich dorthin fliegt. Es ist ein unvergessliches Erlebnis für sie mit

---

[10]Bayerisches Fernsehen, ARD-alpha: Die Entdeckungen großer Forscher: August Kekulé.

**Abb. 7.6** Couch der Innovation (© Weinberger)

dem Fazit: „Das war die beste Entscheidung meines Lebens, mir diesen Traum zu erfüllen."
- Aus den Zukunftsvisionen einiger Internetpioniere, eine freie, hochwertige Enzyklopädie zu schaffen und so lexikalisches Wissen zu verbreiten, entstand 2001 das Online-Lexikon Wikipedia. Inzwischen ist Wikipedia das umfangreichste Lexikon der Welt, das weltweit den Nutzern kostenlos zur Verfügung steht.

Abschließend eine kleine Übung, mit der Sie spielend leicht mit ihrem Körper in Kontakt kommen:

> **Erhaben wie ein Berg**
>
> Versuchen Sie einfach einmal, wie ein Berg zu stehen: Fest und unerschütterlich. Dabei ist es sinnvoll, sich hinzustellen, die Beine ein wenig auseinandergestellt, die Arme liegen locker am Körper an.
>
> Versuchen Sie sich immer mehr in diesen Berg hinein zu fühlen, der unbeweglich, groß und mächtig einfach da ist, wo er ist. Der sich von dem Wetter, den Wolken, der Sonne nicht beeinflussen lässt, dem auch ein Sturm nichts anhaben kann. Der den Jahreszeiten trotzt, dem Winter mit dem vielen Schnee, den Frühlingsstürmen, dem heißen Sommer und allen Regenschauern und Gewittern zu jeder Jahreszeit.
>
> Erhaben wie ein Berg! Begeben Sie sich in die oben beschriebene Körperhaltung, und „leihen" Sie sich die Eigenschaften des Berges vorübergehend aus. Verweilen Sie hier drei Minuten, und beobachten Sie die auftauchenden Gefühle und Gedanken. Vielleicht entdecken Sie ja Eigenschaften, die Sie sich dauerhaft zu eigen machen können (Burkhard 2010, S. 91).

> **Auf den Punkt gebracht**
>
> - Durch das Spiel kann wieder Faszination ins Leben kommen, ich muss mich ab einem gewissen Alter aber bewusst damit auseinandersetzen.
> - Spielen ist die Energiequelle schlechthin, um sich wieder lebendig zu fühlen und damit gesund zu bleiben (oder wieder gesund zu werden).
> - Beim Spielen entstehen Flow-Erlebnisse, die in mir viel Energie wecken.
> - Beim Spielen laufen verschiedenste psychologische Prozesse ab, die alte destruktive Muster durchbrechen und zu neuen, positiven Erfahrungen führen können.

**Ja, aber – „Ich habe keine Zeit, finde keine Zeit, kann mich nicht aufraffen"**

Wir erleben immer wieder, wenn der Betreffende dann krank geworden ist, ein Burn-out oder ähnliches entwickelt hat, dann geht es auf einmal. Jeder sollte sich die Frage stellen, ob er/sie wirklich darauf warten will. Immer ist es nur der erste Schritt, der so anstrengend ist und Kraft – die manchmal nicht mehr da ist – erfordert. Wenn ich mir dessen bewusst bin, dann ist die Chance etwas höher, dass ich es doch schaffe, diesen ersten Schritt zu machen.

Nina Wise, die Autorin von. „Ein großartiges, ungewöhnliches, glückliches, neues Leben", schreibt in ihrem Buch, wie sie sich ein Fahrrad kaufen will, aber gar nicht weiß – und dies teilt sie der Verkäuferin mit –, ob sie überhaupt jemals die Gelegenheit nutzen wird, mit dem Fahrrad zu fahren. Die Verkäuferin darauf: „Es ist keine Frage der Gelegenheit, es ist eine Frage der Überwindung... Zuerst muss man sich überwinden, dann gewöhnt man sich daran und schließlich fährt man nur noch mit dem Rad."

Nina Wise schreibt:

„Sie hatte Recht. Bis du dich daran gewöhnst, musst du dich überwinden – du musst den Entschluss fassen und es tun. Genauso ist es mit der Kunst des Lebens. Du musst dich erst überwinden. Du musst den Entschluss fassen, eine Minute lang aufzustehen und zu tanzen oder im Auto laut aus voller Kehle zu singen, auf einen benutzten Briefumschlag ein Gedicht zu schreiben oder mit dem Finger ein Bild in die Frostblumen auf der Fensterscheibe zu malen. Doch dann lernst du, es zu lieben, und musst dich nicht mehr überwinden. Dann tust du es, weil du es liebst" (Wise 2006, S. 21).

**LIEBES LEBEN**

Liebes Leben, fang mich ein,
halt mich an die Erde.
Kann doch, was ich bin, nur sein,
wenn ich es auch werde.

Gib mir Tränen, gib mir Mut,
und von allem mehr.
Mach mich böse, mach mich gut,
nur nie ungefähr.

Liebes Leben, abgemacht?
Darfst mir nicht verfliegen.
Hab noch so viel Mitternacht
sprachlos vor mir liegen.

(Text: Konstantin Wecker, 1981
© Fanfare Musikverlag/Sturm & Klang Musikverlag)

## Gedankenspiele

- Wie viel Spielraum ist (noch) in meinem Leben?
- Wann spiele ich, wo und mit wem? Wie oft spiele ich noch?
- Wie geht es mir nach dem Spielen?
- Wann bin ich beim Spielen fasziniert? Was fasziniert mich genau?
- Kenne ich es, mich gegen meinen „inneren Schweinehund" aufgerafft zu haben und dann durch das Spielen Energie getankt zu haben?

- Was hilft mir, um diesen anfänglichen Widerstand so gering wie möglich zu halten (feste Wochenzeit, Verabredung mit einem Freund/einer Freundin, an das letzte erfolgreiche Mal denken etc.)?

**Bücherkiste**

- Berndt, Christina (2015): Resilienz. Das Geheimnis der psychischen Widerstandskraft. 4. Auflage. München: dtv.
- Croos-Müller, Claudia (2014): Kopf Hoch. Das kleine Überlebensbuch. Soforthilfe bei Stress, Ärger und anderen Durchhängern. München: Kösel.
- Esch, Tobias (2018): Der Selbstheilungscode. Weinheim: Beltz.
- Fuchs, C/Schmidt R. (2008): Kraftquellen. Persönliche Ressourcen für gute und schlechte Tage. Klett Cotta.
- Hirschhausen, Eckart v./Esch, Tobias (2018): Die bessere Hälfte. Worauf wir uns mitten im Leben freuen können. Rowohlt: Reinbek
- Hüther, Gerald (2018): Würde. Was uns stark macht – als Einzelne und als Gesellschaft. München: Albrecht Knaus.
- Precht, Richard David (2012): Wer bin ich – und wenn ja, wie viele? München: Goldmann.
- Rogers, Carl R. (2016): Eine Theorie der Psychotherapie, der Persönlichkeit und der zwischenmenschlichen Beziehungen. (Personzentrierte Beratung und Psychotherapie). Org. 1953. München: Ernst Reinhardt.
- Schiffer, Eckhard (2001): Wie Gesundheit entsteht. Salutogenese: Schatzsuche statt Fehlerfahndung. Weinheim: Beltz TB.

**Filme**

- The Kid (1921) von Charlie Chaplin
- Down by Law (1986) von Jim Jarmusch
- Jenseits der Stille (1996) von Caroline Link
- Good Will Hunting (1997) von Gus van Sant
- Die fabelhafte Welt der Amélie (2001) von Jean-Pierre Jeunet
- Wie im Himmel (2004) von Kay Pollak
- Pina- tanzt, tanzt, sonst sind wir verloren (2011) von Wim Wenders
- Ziemlich beste Freunde (2011) von Eric Toledano und Olivier Nakache
- Patterson (2017) von Jim Jarmusch.
- Astrid (2018) von Pernille Fischer Christensen
- Der Junge muss an die frische Luft (2018) von Caroline Link
- Papst Franziskus – Ein Mann seines Wortes (2018) von Wim Wenders

# Literatur

Antonovsky A (1997) Salutogenese: Zur Entmystifizierung der Gesundheit. Dgvt-Verlag, Tübingen

Bauer J (2013) Das Gedächtnis des Körpers: Wie Beziehungen und Lebensstile unsere Gene steuern. Piper, München

Blackburn E, Epel E (2017) Die Entschlüsselung des Alterns. Der Telomer-Effekt. Mosaik, München

Brown S, Vaughan C (2010) Play. How it Shapes the Brain, Opens the Imagination and Invigorates the Soul. Avery, New York

Burkhard A (2010) Achtsamkeit. Entscheidung für einen neuen Weg. Schattauer, Stuttgart

Dogs CP (2017) Gefühle sind keine Krankheit: Warum wir sie brauchen und wie sie uns zufrieden machen. Ullstein, Berlin

Hüther G (2009) Biologie der Angst, 9. Aufl. Vandenhoeck & Ruprecht, Göttingen

Jaffé A (1986) Erinnerungen, Träume, Gedanken von C.G. Jung. Aufgezeichnet und herausgegeben von Aniela Jaffé, 4. Aufl. Walter-Verlag, Olten

Loepthien E (2012) Spiel mit mir. Oya 15:34–36

Mönks FJ, Knoers Alphons MP (2008) Lehrbuch der Entwicklungspsychologie, 2. Aufl. UTB, Stuttgart

Seiffge-Krenke I, Ziegenhain U (2009) Adoleszenz, junges Erwachsenenalter und Bindung. In: Fegert J, Streeck-Fischer A, Freyberger H (Hrsg) Adoleszenzpsychiatrie. Schattauer, Stuttgart, S 142–154

Stutz P (2015) Geh hinein in deine Kraft: 50 Film-Momente fürs Leben. Herder, Freiburg

Wise N (2006) Ein großartiges, glückliches, ungewöhnliches, neues Leben: Selbstverwirklichung und spirituelle Praxis für alle, die keine Zeit haben. Arbor, Freiamt

# 8
# Senioren und Spiel

## 8.1 "Da geht noch was!" – wie Senioren spielend beweglich bleiben

„Die effektivste Art, etwas zu tun, ist, es zu **tun**"
(Amelia Earhart (1897–1937), US-amerikanische Pilotin)

„Wenn ich einmal in Rente bin" oder „Wenn die Kinder und Enkelkinder aus dem Haus sind" – in diesen Sätzen spiegelt sich jener Wunsch wider, dass im Ruhestand Dinge realisiert werden können, die in vergangenen Lebensabschnitten immer wieder auf die lange Bank geschoben wurden. Im sog. Seniorenalter, also, wenn der Mensch aus einem strukturierten Arbeits- und Familienleben austritt, beginnt die Zeit der Veränderung hin zu einer selbstbestimmten Lebensführung, in der eigene Bedürfnisse, Ziele und Wünsche mehr in den Vordergrund treten. Die enorme Plastizität des menschlichen Gehirns ermöglicht Lernen und inneres Wachstum bis ins hohe Lebensalter und lässt eine Anpassung an neue Lebensinhalte und -prozesse zu. Deshalb der Titel „Da geht noch was", der dem gleichnamigen Buch von Barbara Strauch entnommen ist (Abb. 8.1).

> **Spielball Wissen 8.1 – Resilienz**
> Das Wort „Resilienz" kommt von dem lat. Wort „resilire" und bedeutet übersetzt so viel wie „zurückspringen" oder „abprallen". Mit diesem Begriff wird in der Psychologie unser „seelisches Immunsystem" beschrieben. Er wird auch mit

**Abb. 8.1** Hohes Alter und Humor (© Laura Kraus, mit freundlicher Genehmigung)

> Begriffen wie Flexibilität und Belastbarkeit in Verbindung gebracht. Man geht davon aus, dass wir, ebenso wie wir unsere körpereigene Abwehr auch unsere seelische Widerstandskraft stärken können, um für die Herausforderungen des Alltags besser gewappnet zu sein. Resilienz bezeichnet auch die Fähigkeit eines Menschen, Krisen zu meistern und an ihnen zu wachsen. (Berg, Fabienne 2014)

Die Erhaltung der körperlichen, geistigen und psychischen Gesundheit nimmt nun einen wichtigen Stellenwert ein und bedarf verschiedenster Angebote und Übungseinheiten, die jeder für sich finden kann. In der Rückschau auf frühere Lebensphasen haben viele ältere Menschen Krisen gemeistert, schmerzliche Erlebnisse verarbeitet und geliebte Menschen verabschieden müssen. All diese Erfahrungen, insbesondere die Erfahrung, Herausforderungen des Lebens bewältigt zu haben, fließen als Kompetenzen und erworbene Lebensweisheit in das Alter ein. Sie bilden unsere Ressourcen, also unsere Fähigkeiten, das Leben in der jeweiligen Alters- und Entwicklungsstufe anzunehmen und sich so trotz manch' widriger Umstände gesund zu erhalten. Die Resilienzforschung hat gezeigt, dass wir bis ins hohe Alter auf diese Ressourcen, d. h. auf die in uns angelegten Quellen, zurückgreifen und sie neu aktivieren können (Berndt 2015). Gerade im spielerischen Umgang mit sich selbst und in der Verbundenheit mit anderen kann sich dieser Lebensweg in einer lebendigen, gesunden Daseinsform vervollkommnen.

Judith Glück, Professorin für Entwicklungspsychologie an der Universität Klagenfurt, hat das Phänomen „Weisheit" untersucht und in ihrem gleichnamigen Buch zusammengefasst. Sie stellt fünf Prinzipien für ein gelingendes Leben vor, die bis ins hohe Alter hinein mit Einsicht und Lernbereitschaft eingeübt werden sollten (Glück 2016, S. 29):

- Offenheit für Neues
- Ein kluger Umgang mit dem eigenen Gefühl und dem der anderen
- Die Fähigkeit, sich in andere hineinversetzen zu können
- Komplexe Zusammenhänge verstehen wollen und sich selbst hinterfragen
- Akzeptieren, dass man nur begrenzt Kontrolle haben kann über Umstände, die unser Leben mitbestimmen

Dieser letzte Punkt ist sicher der schwierigste, wollen wir doch alle möglichst viel Kontrolle über unser Leben haben. Während man als junger Mensch noch eher denkt oder zumindest hofft, möglichst viel im Leben unter Kontrolle haben zu können, fließt jetzt ins Älterwerden die Erfahrung ein, im Leben nicht alles kontrollieren zu können und trotzdem weitergelebt und überlebt zu haben.

Die Psychologin und Psychotherapeutin Ingrid Riedel betont, dass das Älterwerden als Abschiedsprozess verstanden werden kann, ähnlich wie ein Trauerprozess, nur eben über einen langen Zeitraum (Riedel 2015, S. 28). Nach der ersten Phase des „Nicht- wahrhaben-Wollens" kommt die Phase der „aufbrechenden Emotionen": Ärger und/oder Wut darüber, was alles nicht mehr möglich ist.

Danach folgt eine Phase, in der immer klarer wird, was ich verloren habe, zugleich aber auch, was jetzt möglich ist. Ich kann mich von dem Vergangenen trennen und damit den Möglichkeiten und Chancen des neuen Lebensabschnitts Raum geben. Dieses Annehmen dessen, was ist, ist wiederum so entscheidend für das „weise werden".

In einer 2013 durchgeführten Altersstudie wurden 4197 Personen zwischen 65 und 85 Jahren aufgefordert, die Lebenszufriedenheit auf einer Skala von 0 bis 10 anzugeben, wobei 10 die höchste Zufriedenheit darstellt. Die durchschnittliche Zufriedenheit lag bei 7,4. Über die Hälfte der Befragten stuften sich bezüglich ihrer Lebenszufriedenheit sogar höher als 8 auf dieser Skala ein. Dieses für die Untersucher eher überraschende Ergebnis wird u. a. auch damit erklärt, dass das „gefühlte Alter" inzwischen ca. 10 Jahre unter dem tatsächlichen liegt („downaging"). Dabei leben 70 % der Befragten durchaus im Bewusstsein, in ihrem letzten Lebensabschnitt zu sein. Die Ergebnisse dieser Studie wurden in einer weiteren Altersstudie 2017 mit 4133 Personen zwischen 65 und 85 Jahren bestätigt.[1,2]

Der Gerontopsychologe Klaus Gürtler spricht sich für einen Kulturwandel aus, weg vom „Anti-Aging", das das Alter abwertet und pathologisiert, hin zu Würde, Teilhabe und selbstständigem Leben auch mit Behinderung und zu einem „bewussten, langsamen Übergang von einer „vita activa" zu einer „vita contemplativa". Er plädiert im individuellen Lebenslauf für Anstöße zu Gedankenspielen, das eigene Erleben auch mal vom Ende her zu denken und im Gespräch mit Älteren das Erleben und Verhalten im Alter zu antizipieren (Gürtler 2017).

Das Spielen ist in diesem Altersbereich noch einmal eine ganz große Chance, sein Leben zu bereichern und auf die geistige, körperliche und seelische Gesundheit einzuwirken. Ich muss nichts mehr, keine Selbstoptimierung, keine zeitliche Taktung, die meinen Lebensrhythmus bestimmt. Sondern ich habe die Freiheit auszuwählen, was mir guttut und ich kann mit allem spielen. Denn ob etwas ein Spiel ist oder nicht, entscheidet nicht der Gegenstand oder das Medium, sondern die Art und Weise, wie ich dem begegne. Ich kann jederzeit aufhören, ich kann die Regeln ändern, ich bringe mich ganz ein, das Ergebnis ist offen, ich bin in Resonanz mit dem Gegenüber. Jetzt ist das Spiel ein großes Übungsfeld, um dem Leben einen Zuwachs an Zufriedenheit und Qualität zu ermöglichen.

Und es soll noch einmal betont werden: Also nicht das Was, sondern das Wie entscheidet, ob etwas ein Spiel ist.

Uns ist bewusst, dass dieser Altersabschnitt in Bezug auf die körperliche, und geistige Gesundheit sehr heterogen ist, nicht ohne Grund spricht man bei den 60 bis 75-Jährigen von den jungen Alten, den 75 bis 85-Jährigen den älteren Alten und ab ca. 85 Jahren vom hohen Alter. Dazu kommt, dass das biografische Alter, das dem Alter nach dem Geburtsdatum entspricht,

---

[1] Generali Zukunftsfond (Hrsg.) & Institut für Demoskopie Allensbach (2013): Generali Altersstudie 2013. Zusammenfassung der wichtigsten Ergebnisse (S. 523–535). Frankfurt a. M.: Fischer. Zitiert in Gürtler, Klaus (2017).

[2] Generali Deutschland AG (Hrsg). (2017). Generali Altersstudie 2017. Wie ältere Menschen leben und denken. Berlin Heidelber: Springer. Zitiert in Gürtler, Klaus (2017).

oft ganz erheblich vom biologischen Alter, welches den körperlichen Allgemeinzustand bezeichnet, abweicht. Mit unseren Ideen und Beispielen möchten wir allen Altersstufen gerecht werden.

## Ich spiele, um geistig beweglich zu bleiben

Der amerikanische Altersforscher und Psychiater Gene D. Cohen beschreibt in seinem Buch „Vital und kreativ. Geistige Fitness im Alter" eine eigene „Entwicklungsintelligenz" als eine besondere Form von Intelligenz. Sie sei durch ein immer besseres Zusammenspiel von Denken, Urteilsvermögen, emotionaler Intelligenz, zwischenmenschlichen Fähigkeiten, Lebenserfahrung und Bewusstsein – und durch die Synergieeffekte zwischen diesen Faktoren bedingt (Cohen 2015).

Der deutsche Hirnforscher Ernst Pöppel betont in seinem mit seiner Kollegin Beatrice Wagner verfassten Buch „Je älter, desto besser", wie viel wir im Alter dazulernen und gewinnen können. Überraschender Weise können so zum Beispiel in Bezug auf Konzentration und Ausdauervermögen ältere Menschen deutlich besser abschneiden als jüngere (Pöppel und Wagner 2010).

Auch einer demenziellen Erkrankung sind wir nach Gerald Hüther nicht hilflos ausgeliefert, wenn wir rechtzeitig die im Gehirn angelegte Regenerations- und Kompensationsfähigkeit zu nutzen verstehen. Dieses neuroplastische Potenzial des Gehirns – Hüther nennt es auch die Selbstheilungskräfte – kann durch vielfältige Tätigkeiten, die allesamt das Kohärenzgefühl der betreffenden Person stärken, aktiviert werden (Hüther 2017). Kohärenz ist ein Begriff aus der Salutogenese (s. *Spielball Wissen 7.2 ,Salutogenese'*). Vereinfacht ausgedrückt ist Kohärenz das Gefühl, dass es einen Sinn in meinem Leben gibt und dass ich Ressourcen habe, mit den Herausforderungen und Widrigkeiten des Lebens umzugehen. Wir finden hier ähnliche Aspekte, die sich in der Resilienzforschung (Berndt 2015) gezeigt haben und die auch in der bereits erwähnten Weisheitsforschung eine Rolle spielen.

Zu einem guten Kohärenzgefühl gehört demnach die selbstbestimmte Gestaltung des Lebens wie auch die zwischenmenschliche Kommunikation mit dem Gefühl des Verstandenwerdens. Daran sollte man sich gerade auch beim Älterwerden orientieren. Spielen in seiner ganzen Bandbreite, bei dem wir sowohl Verbundenheit als auch Autonomie erleben, ist deshalb eine ganz wichtige Ressource.

> „Der Mensch hört nicht auf zu spielen, weil er älter wird. Er wird alt, weil er aufhört zu spielen." (Oliver Wendell Holmes)

## Sich geistig herausfordern und neue Erfahrungen machen

Eine besondere Herausforderung ist es, etwas ganz Neues zu lernen und zu machen:

Anton Z. (73 J.) hat einen Computerkurs für Senioren besucht, um mit seinen Enkeln Kontakt zu halten. Er sagt: „Facebook kannte ich nur vom Hörensagen. Jetzt weiß ich, damit umzugehen, kenne die Gefahren, aber auch die Vorteile. Meine Enkelkinder finden es cool, dass der Opa auch dabei ist, und ich genieße es, da mit der Jugend mithalten zu können."

In Berlin gibt es eine Gruppe von Menschen, alle über 80 Jahre alt, die Computerspiele, wie z. B. „Mario Kart", „Minecraft" oder „Fortnite" testen. Das Projekt „Senioren zocken", das man über den You Tube- Kanal ansehen kann, hat die Rentner bis zum Digital-Preis der Goldenen Kamera gebracht. Die älteste der Senioren ist 90 Jahre alt und hat sichtlich Spaß am Testen der Spiele.[3]

Weitere Ideen:

- Bilden Sie sich weiter und lassen Sie sich auf was Neues ein. Dazu gehören das Reisen, um andere Kulturen und Landschaften kennenzulernen, das Erlernen einer Fremdsprache, der Austausch mit anderen in einem Literaturkreis und vieles mehr. An vielen Orten gibt es inzwischen Bildungs-und Freizeiteinrichtungen, in denen für ältere Menschen eine Vielzahl an Angeboten bereitgestellt wird, um neue Erfahrungen zu machen.
- Jeder Tag ist anders: Erleben Sie jeden Tag spielerisch neu, indem Sie kleine Dinge verändern: mit der anderen Hand die Zähne putzen, einen anderen Weg zum Einkaufen nehmen, …
- Wahrnehmungsspiele, die es jetzt speziell für Senioren gibt, fordern spielerisch Ihre Aufmerksamkeit.
- Fordern Sie sich mit Sudoku geistig heraus, mit einem Pocket-Quiz oder einem Kartenspiel zum Gedächtnis- oder Konzentrationstraining.
- Entwickeln Sie ein eigenes Kreuzworträtsel, in dem Sie mit einem Wort beginnen, das in Ihnen Faszination wachruft und hängen Sie andere faszinierende Wörter daran an.

---

[3]Mittelbayrische Zeitung v. 30.01.2019.

- Belegen Sie einen Computerkurs, um Fotos zu bearbeiten oder Glückwunschkarten herstellen zu können.

**Wissen weitergeben**
In einer Kultur, in der das Jungsein hofiert und gefeiert wird und alte Menschen eher unter Defizitaspekten gesehen werden, ist es wichtig, sich nicht mit dieser „Jungsein-ist-Alles"-Brille zu identifizieren, sondern sich auf seine erworbenen Kompetenzen zu besinnen und diese, wenn möglich, auch weiterzugeben. Dabei geht es nicht nur um das Wissen, das weitergegeben wird, sondern auch um das, was einen älteren Menschen ausmacht: größere Gelassenheit, Nachsicht, Lebenserfahrung. Das alles geben wir auch weiter, mal direkt, mal indirekt. Wenn wir uns als wissende Menschen im Alter definieren, dann stärkt das auch den gegenseitigen Respekt zwischen Jung und Alt.

- Hermann R. (74 J.) hat sein ganzes Leben als Elektriker gearbeitet. Jetzt gibt er sein Wissen in einem Reparatur-Café weiter. Das macht ihm sehr viel Spaß. Es erheitert ihn, wie hilflos manche jungen Leute vor einer defekten Kaffeemaschine stehen oder viele ein Fahrrad nicht alleine reparieren können.
- Antonia G. (74 J.) hat sich als Lesepatin in einer 3. Klasse einer Grundschule zur Verfügung gestellt. Sie genießt diese Zeit mit ihren drei zugeteilten Kindern und hat es verstanden, ein Spiel daraus zu machen, zum Beispiel: Jeder liest einen Satz, es wird mit verstellter Stimme gelesen usw.

## Ich spiele, um körperlich beweglich zu bleiben

„Jung fühlen kann man sich zu jeder Zeit.
Nur strengt es später ein bisschen mehr an". (Astrid Lindgren)

Durch Bewegung können wir großen Einfluss auf unseren Alterungsprozess ausüben. Dabei wirkt sich Bewegung auch immer auf die seelische Gesundheit aus, diese sind untrennbar miteinander verknüpft. So ist aus der Depressionsforschung bekannt, wie wichtig die Bewegung ist, denn sie ist bei leichten und mittleren Depressionen den einschlägigen Medikamenten in ihrer Wirkung auf den Organismus gleichzusetzen (Müller 2013). Auch bei anderen psychischen Störungen, wie z. B. bei Angststörungen konnten die positiven Effekte von körperlicher Bewegung nachgewiesen werden (Huber et al. 2013).

**An alte Bewegungsmuster anknüpfen**
Alles, was wir im bisherigen Leben getan haben, ist in uns gespeichert. Das gilt besonders für körperliche Bewegungsmuster, die immer wieder abrufbar sind. Dies kann im Alter aufgegriffen werden:

Eine 82-Jährige Seniorin, die seit einigen Jahren an Parkinson leidet und an einem T'ai Chi Chuan Kurs an der Volkshochschule teilnimmt (T'ai Chi Chuan ist eine aus dem asiatischen Kulturraum stammende meditative Kampfkunst) sagt dazu; „T'ai Chi ist etwas, das habe ich schon vor Jahren gelernt und zum Glück kann ich es immer noch. Ich mache es jeden Tag. Diese langsamen, fließenden Bewegungen tun mir so gut, sie erden mich, ich bin dann ganz bei mir. Ich muss nichts mehr richtigmachen, für mich ist es wie ein sanftes Tanzen geworden, das Geist, Seele und Körper bewegt. Danach fühle ich mich immer wie neugeboren."

Dazu gehören natürlich auch einfachere Bewegungsaktivitäten wie Radfahren, Schwimmen, Tennis spielen etc.
Der 73-Jährige Herbert F. war früher ein leidenschaftlicher Fußballspieler. Das geht heute gar nicht mehr, also schaut er zu. Er verfolgt jeden Sonntag das Spiel der Mannschaft seines Heimatortes und ist mit Begeisterung dabei: Gestikulierend, rufend in allen Tonlagen und in lebhaftem Kontakt mit Gleichgesinnten. Nach dem Spiel ist es fast wir früher: Je nach Ergebnis ist er ist euphorisch aufgeladen oder ärgert sich über die Niederlage. Immer aber ist er körperlich ausgepowert und fährt insgesamt zufrieden nach Hause, denn er hat auf seine Weise mitgespielt.

**Sich körperlichen Herausforderungen stellen**
Auch körperlich können wir uns im Alter noch einmal neuen Herausforderungen stellen. Das muss nicht gleich ein Marathon sein, obwohl es inzwischen auch genug Senioren gibt, die einen Marathon oder Halbmarathon laufen oder an einem Triathlon teilnehmen.

Siegfried S. (64 J.) beschließt nach einer Krebsdiagnose und erfolgter Behandlung ganz alleine eine Strecke auf dem Jakobsweg zu gehen. Er ist insgesamt drei Wochen unterwegs und legt dabei 300 km zurück. Es war, wie er nachträglich berichtet, körperlich anstrengend, aber auch sehr erfüllend und bereichernd, diese Herausforderung noch einmal gewagt und gemeistert zu haben.

**Mit Bewegungsimpulsen spielen**
Mit der Bewegung spielen macht immer Spaß, denn ich spüre mich und weiß nie, was als nächstes kommt:

- Hände kreisen lassen, die Kreise größer werden lassen, die Arme mitnehmen und dann einfach dem folgen, was als nächstes an Impulsen auftaucht. Dasselbe kann ich mit den Füßen machen.
- Die Hände einfach so bewegen, tanzen lassen, die Hände miteinander spielen lassen,
- oder einfach einen Spaziergang mit Umwegen machen:

Helen Keller, eine bewundernswerte, blinde und taube Frau schwärmt in ihrem Buch „Meine Welt" von ihren ausgedehnten Spaziergängen mit ihrem Freund Mark Twain: „Dies ist die unerforschte Wildnis. Wir wandern im Chaos, …aber die Straße ist gerade dort drüben. Um auf jene Straße zu gelangen, mussten wir noch auf abenteuerliche Weise einen Fluss überqueren, einen „reißenden tobenden Zwerg, welcher vor uns den Berg herunterstürmte". Wieder daheim bemerkte sie, dass sie nie einen schöneren Spaziergang erlebt hatte. Nicht zuletzt ihre Beziehung zu Twain veranlasste sie zu folgender Aussage:

„Es wird behauptet, dass das Leben hart mit mir verfuhr; und manchmal habe ich innerlich gehadert, dass viele menschliche Freuden mir vorenthalten sind. Aber wenn ich an den Reichtum denke, welchen Freundschaft mir geschenkt hat, ziehe ich alle Anklagen gegen das Schicksal zurück … Solange die Erinnerung an solche geliebten Freunde in meinem Herzen lebt, werde ich sagen: das Leben ist gut" (Keller 2003, S. 70).

Entscheidend bei all diesen Bewegungsmomenten ist, dass wir nicht in Gedanken woanders sind. Denn dann sind wir vom Körper getrennt, spüren uns nicht und dann entsteht auch keine Faszination. Deshalb auch der Spaziergang mit Umwegen – statt immer dieselben Wege zu gehen. Das erhöht ganz nebenbei unsere Aufmerksamkeit und verringert damit die Gefahr zu stürzen. Das Spiel liegt in der Überraschung, in dem Neuen und in der Faszination, die sich dann auf einmal einstellt. Bauen Sie einen kleinen Spaziergang als Ritual in Ihren Tagesablauf ein und trotzen Sie Regen und Kälte!

## Ich spiele, um seelisch beweglich zu bleiben

Forschungen belegen, dass positive Gefühle (Dankbarkeit, Fröhlichkeit, Begeisterung) nicht nur Auswirkungen auf schnellere Heilungserfolge nach Verletzungen oder Operationen haben, sondern auch auf die Effektivität und Regulierung des Immunsystems (Bannasch und Junginger 2015). Ebenso zeigt die Genforschung, wie wichtig positive Gefühle für die Verlängerung einer gesunden Altersphase sind (Blackburn und Epel 2017). Spielen in seiner ganzen Bandbreite ist deshalb ideal, um neben guten sozialen Beziehungen immer wieder zu einem positiven Erleben zu kommen.

Als die 94-jährige Joan Erikson gefragt wird, was sie würde sagen wollen, wenn heute ihr letzter Tag auf Erden wäre, antwortet sie, ohne auch nur einen Augenblick über die Frage nachzudenken:

> „Nimm dir jeden Tag Zeit zum Spielen. Wir wären schrecklich dumm, wenn wir das nicht täten. Niemand wird dich dazu zwingen – niemand wird sagen, geh' raus und spiele. Es ist eine Schande, dass es keine Lebensphilosophie gibt, die darauf besteht, dass wir spielen... Spielerische Aktivitäten sind die besten, weil sie ziellos sind, das Ergebnis ist unbekannt, und sie sind voller Phantasie, Imagination und zufälliger Entdeckungen. Womit ist das zu schlagen?" (Anderson 2015, S. 185)

**Träume verwirklichen**
Schon die Überlegung, „was ich schon immer einmal machen wollte", kann im Freundeskreis den Anlass für einen spannenden Abend geben. Dass es auch möglich ist, diese Träume in die Wirklichkeit umzusetzen, zeigen uns diese Beispiele:

Die 72-Jährige Maria S. belegt an der Volkshochschule einen Malkurs, weil sie das Gefühl hatte, nie vorher Zeit und Muße dazu gehabt zu haben – aber diesen Wunsch jahrzehntelang in sich getragen hatte. Vor dem Kurs hatte sie sich als erstes mit dem Buch „Jeder kann zeichnen lernen" an das Thema herangetastet. Ihre Familie war sehr erstaunt, da Frau S. zwar immer Interesse an Gemäldeausstellungen gehabt hatte, aber nie den Wunsch geäußert hatte, selbst malen zu wollen. Nach dem Kurs besuchte Frau S. einen Kurs in Bauernmalerei und fing dann an, Dosen und Schachteln dementsprechend zu bemalen. Ihren Kindern und Enkelkindern gefielen diese kleinen „Schmuckstücke" sehr und Frau S. genießt diese Verwandlung von einer einfachen Keksdose in ein Schmuckstück, das sie zu Geburtstagen und Weihnachten – mit entsprechenden Inhalten gefüllt – gerne verschenkt.

Ludwig W., der immer schon Philosophie studieren wollte, erwägt erst, ein diesbezügliches Studium aufzunehmen. Dann ist ihm das aber zu festgelegt, ihm fehlt das Spielerische daran, und so fängt er im Selbststudium an und hat viel Freude daran, sich in seinem Tempo und mit seiner selbstgewählten Literaturauswahl weiterzubilden.

**Beziehungen leben**
Als soziale Wesen brauchen wir Beziehungen, gerade auch im Alter, wenn die Kontakte, die sich durch den Beruf ergeben haben, oft wegfallen. Da viele Familien heute weit voneinander entfernt leben, Eltern und erwachsene Kinder häufig an ganz verschiedenen Orten wohnen und gleichaltrige Freunde sehr schnell nicht mehr da sein können, ist die Gefahr der Vereinsamung da. Psychologen in den USA, die 148 Studien mit insgesamt 308.000 Menschen analysierten, fanden heraus, dass einsame Menschen weniger Acht auf sich geben, mehr Stress empfinden, weniger resilient sind, schlechter schlafen und dass Einsamkeit das Immunsystem und das Herz-Kreislauf-System schwächt (Holt-Lunstad et al. 2015) (Abb. 8.2).

Umso bedeutungsvoller ist, dass nach einer Berliner Studie sich bis zu vierzig Prozent der jüngeren Alten für andere einsetzen und zwar innerhalb und außerhalb der Familien. Zum Beispiel für die Begleitung und Betreuung von Kindern, Jugendlichen, Asylanten, Behinderten, Kranken und Sterbenden (Riedel 2015).

Das Ehepaar K. fängt mit einem befreundeten Ehepaar, nachdem alle im Ruhestand sind, wieder an, Doppelkopf zu spielen. Das hatten sie vor 20 Jahren schon mal gemacht, war aber eingeschlafen, weil irgendwann keiner mehr Zeit dafür hatte.

Die noch sehr fitte Katharina B. (63 J.) wird von einer Familie, die keine Verwandtschaft am Ort hat, als Ersatz-Oma engagiert. Sie passt nach Bedarf auf die Kinder auf, spielt mit ihnen, liest ihnen vor, ist auch für sie da, wenn die Kinder krank sind. Für Frau B., deren Kinder längst aus dem Haus sind, ist das eine sehr erfüllende Aufgabe und die Familie mit den kleinen Kindern weiß die Liebe und Zuverlässigkeit ihrer Ersatz-Oma sehr zu schätzen.

Heinrich B. (69) fährt regelmäßig in ein Seniorenheim, um dort einen im Rollstuhl sitzenden Bewohner abzuholen und ihn nach draußen zu begleiten. Je nach Wunsch wird der Bewohner dorthin transportiert, wo er gerne hinmöchte. Im Laufe der Jahre hat sich nicht nur eine freundschaftliche Beziehung zu dem Seniorenheimbewohner entwickelt, Heinrich B.

**Abb. 8.2** „Niemand welkt so schön wie Du…" (© Marie Marcks, 2005, mit freundlicher Genehmigung Verlag Antje Kunstmann)

lernte sukzessive die ganze Familie kennen, was er als bereichernd empfindet. Darüber hinaus entwickelte sich eine Freundschaft zu zwei anderen Helfern, die, ungefähr gleich alt, ebenfalls regelmäßig „ihre Bewohner" ausfahren.

Weitere Ideen:

- Gemeinsame Aktivitäten in einem Verein.
- Ehrenamtliche Tätigkeit in einer sozialen Organisation (der Tafel, dem Arbeitskreis Asyl etc.).
- Spielen Sie mit dem Kartensortiment „Fragen können wie Küsse schmecken", in dem 111 interessante Fragen einen unterhaltsamen gemeinsamen Abend eröffnen, z. B. mit Fragen wie: „Wer war das Idol deiner Jugend?" oder „Welche Entscheidung hat dein Leben am nachhaltigsten beeinflusst?" oder „Was würdest du sagen, in welchem Moment bist du erwachsen geworden?"

**Musizieren, Singen, Tanzen**
Im Kontakt mit der Musik werden Gefühle ausgedrückt, musikalisches Potenzial, das wir alle in uns haben, wird direkt erfahrbar gemacht und immer entsteht etwas ganz Eigenes. Der Beziehungsaspekt ist hier mit anderen Musizierenden gegeben, kann aber auch mit dem Instrument als Gegenüber empfunden werden. Singen hat immer einen Einfluss auf die Gefühle und kann so verändernd wirken.

Das Singen im Chor schafft stimmige Gemeinsamkeit, ähnlich ist es beim Tanzen, hier geht es um die Stimmigkeit zwischen dem inneren Erleben und körperlichen Ausdruck, um eine Bewegung, die den Tanzenden wie den Zuschauer bewegt.

Barbara C. (68 J.) die schon immer Musik und Tanz geliebt hatte, liest in einer überregionalen Zeitung, dass für ein Tanzprojekt Frauen und Männer über 60 Jahren gesucht werden. Sie meldet sich dafür an. Von den anfänglich ca. 40 Interessenten bleiben nach einigen Übungseinheiten noch 28 übrig, weil dies genau das ist, was sie gesucht haben. Einmal in der Woche wird unter der Leitung einer noch sehr jungen Choreografin moderner Tanz geübt. Barbara C. ist fasziniert von dem vielen Ausprobieren, dem Ausgestalten und auch von der geistigen und körperlichen Herausforderung, die damit verbunden ist. Die sehr geduldige, einfühlsame und zugleich aber auch ambitionierte Choreografin, die die Älteren immer wieder auffordert, ihren eigenen kreativen Impulsen Raum zu geben, leitet diese Seniorengruppe – die einmal im Jahr ihr Können einem größeren Publikum vorführt – über einige Jahre. Danach wendet sie sich anderen Projekten zu. Die tanzbegeisterten Senioren machen in eigener Regie bis heute weiter.

Lukas W. (65 J.) fängt nach dem Ende seiner Berufstätigkeit wieder an, Klavierunterricht zu nehmen. Ihn, der sich eigentlich für unmusikalisch hält, fasziniert das stetige Vorankommen, jetzt, nachdem er tatsächlich jeden Tag Zeit, aber auch Lust, zum Üben hat. Dabei spielt auch eine Rolle, dass er in seinem Alter kein Schüler mehr ist, der das machen muss, was die Klavierlehrerin ihm sagt, sondern an seinen Interessen ausgerichtet Vorschläge für die zu übenden Musikstücke einbringt. So bleiben der Spielcharakter und damit der Spaß für ihn erhalten (Abb. 8.3).

**Sich schöpferisch betätigen**
Ältere Schriftstellerinnen, Künstlerinnen und Schauspielerinnen zeigen uns, dass wir das Älterwerden positiv in die Kunst einbringen und bis ins hohe Alter schöpferisch tätig sein können. Der bereits beschriebene Synergieeffekt, das Zusammenfügen von so vielem, was wir erlebt und erfahren

**Abb. 8.3** Flashmob in Düsseldorf zum Weltseniorentag am 1. Oktober 2016. Hunderte Senioren tanzen Zumba (© Bine Bellmann/59plus GmbH, mit freundlicher Genehmigung)

haben, an dem wir gewachsen sind, kommt jetzt in der künstlerischen Arbeit zum Tragen. So begann die englische Schriftstellerin Jane Gardam (geb. 1928), 2016 als „literarische Entdeckung der Saison" gefeiert, erst mit über 70 Jahren, ihre Trilogie (Ein untadeliger Mann, Eine treue Frau, Letzte Freunde), zu schreiben, die dann zu einem Welterfolg wurde. Die Schauspielerin Judith Dench (geb. 1934) spielte noch mit 78 Jahren eine bedeutende Rolle im James Bond Film „Skyfall" und noch mit über 80 Jahren die weibliche Hauptrolle im Film „Viktoria und Abdul". Die Schweizer Volksschauspielerin Stephanie Glaser bekam mit 86 Jahren ihre erste Hauptrolle (im Film ‚Die Herbstzeitlosen').

Und das gilt eben nicht nur für die zur Berühmtheit gelangten Künstlerinnen und Künstler, sondern für alle Menschen. Im schöpferischen Tätigsein kann das Alter im wahrsten Sinne des Wortes in seiner Fülle ausgeschöpft werden.

Die 72-Jährige Anna S., die in ihrem Leben Garten und Blumen über alles liebte, musste nach dem Tod ihres Mannes und einem Umzug in eine kleinere Wohnung Abschied von ihrem Garten nehmen. Nach einer langen Trauerphase fand sie durch ein Buch den Zugang zur japanischen Art des Blumensteckens, dem Ikebana. Sie fand so viel Gefallen daran, dass es ihr nicht nur half, sich seelisch wieder aufzurichten, sondern sie besuchte in einem Zen-Kloster einen Kurs in Ikebana. Dort war sie die Älteste, konnte aber sowohl die dazugehörige Zen-Meditation wie auch das Zuschneiden und Arrangieren der verschiedensten Zweige und Blumenstengel gut mitmachen, wenn es auch anstrengend war. Die meditativen Einheiten in dem Kurs halfen ihr dabei noch einmal, den Tod ihres Mannes zu verarbeiten. Mit dieser etwas exotischen Kunst, die sie ganz kreativ ausgestaltet, macht sie bis heute sich selbst, wie auch Freunden und der Familie viel Freude.

Ute B. (69 J.) besucht einen Schnitzkurs. In kürzester Zeit ist sie – die diesbezüglich offensichtlich eine Begabung mitbringt – in der Lage aus einem Stück Holz wunderbare Skulpturen herzustellen. Ihrem Enkel schenkt sie zur Konfirmation einen selbstgeschnitzten Engel, der wegen seiner künstlerischen Gestaltung viel Bewunderung auslöst.

Ein schönes Beispiel für das „Verweben" von Erinnerungen und Erfahrungen beschreibt Joan Erikson in ihrem Buch „Spaziergang am Meer": Sie webt tatsächlich einen Lebensteppich. In kreativer Weise lässt sie im Zusammenspiel von Körper, Geist und Seele die verschiedenen Lebensetappen an sich vorüberziehen, verwebt mit unterschiedlichen Wollfäden symbolisch ihre Erlebnisse und Gedanken, und es entsteht langsam ihr Gesamtkunstwerk „Leben".

**Mit Kindern und Tieren spielen**
Nichts hält uns und das innere Kind in uns so lebendig, als wenn wir mit Kindern spielen und mit ihnen wieder in den imaginativen Spielraum eintauchen. Nicht ohne Grund nimmt die Anzahl an Mehrgenerationenhäuser zu. Die Erfahrung zeigt, dass die Senioren von den Jüngeren und besonders von den Kindern profitieren, die Jüngeren und speziell die Kinder aber auch von den Älteren.

Die 64-jährige Margarete S., liebt es mit ihrer 4-jährigen Enkelin Mia Rollenspiele zu spielen. Die zwei sind „Spielverbündete". Sie spielen mit einer Ausdauer und Intensität, die Mias Mutter rein zeitlich, aber auch sonst nicht aufbringen könnte, da sich zwischendurch immer wieder ihr Kopf mit dem, was noch zu erledigen ist, melden würde. Frau S. sagt: „Wenn ich mit Mia spiele, dann ist es, als wird die Zeit angehalten – und das ist wunderschön." (Abb. 8.4).

Susanne W. (66 J.) spielt oft am Sonntagnachmittag mit ihren Enkelkindern, die in den USA leben und aufwachsen, Kasperltheater. Das geht über Skype sehr gut und macht den Kindern, die das Kasperltheater dort nicht so kennen, eine Riesenfreude. Susanne W. ist dadurch trotz der großen Entfernung in lebendigem Kontakt mit ihren Enkelkindern, gleichzeitig spürt sie auch ihre Lebendigkeit und Phantasie, indem sie sich immer wieder neue Geschichten ausdenkt.

**Abb. 8.4** Urgroßmutter und Urenkelin nähern sich an (© Lindner)

> **Spielball Wissen 8.2 – Spiegelneuronen**
>
> 1996 entdeckte eine italienische Forschergruppe unter Leitung des Italieners Giacomo Rizzolatti, dass bei Schimpansen, die nur beobachteten, wie ein anderer Schimpanse nach einer auf einem Teller liegenden Erdnuss griff, dasselbe Hirnareal aktiviert war, wie bei dem Affen, der tatsächlich nach der Erdnuss griff. In weiteren Untersuchungen stellte sich heraus, dass es so etwas wie eine neurobiologische Resonanz gibt, d.h, wenn jemand eine Handlung beobachtet, dann werden die Hirnreale aktiviert, die auch bei dem, der die Handlung ausführt, aktiviert werden. Diese Gehirnzellen wurden deshalb Spiegelneuronen genannt. Der Vorgang der Spiegelung passiert dabei ganz unwillkürlich, er wird nicht vom Verstand aus gesteuert. Das gilt für Handlungen, aber auch für Gefühle, wie Freude, Trauer, Ekel etc., immer entsteht im Gehirn – und das gilt auch für uns Menschen – ein Spiegelbild dessen, was der andere tut oder fühlt. Wir fühlen mit. Man kann sich dagegen wehren, sich entscheiden, sich nicht „anstecken" zu lassen, das ändert aber nichts daran, dass im Gehirn dieser neurobiologische Mechanismus aktiviert wird. Dieses System ist die Basis für das spontane, intuitive Verstehen der verschiedensten zwischenmenschlichen Situationen und Handlungen. Ohne diese Spiegelneuronen wäre ein Zusammenleben sehr schwierig. (Bauer, Joachim 2006)

Wenn Sie keinen Kontakt zu Kindern haben, dann spielen Sie doch gedanklich mit ihrem eigenen inneren Kind, ihrem Jugendlichen oder dem jungen Erwachsenen, der Sie einmal waren. Erinnern Sie sich an Ihr Lieblingsspielzeug, Ihr Lieblingsbuch, an Ihre Lieblingsmusik oder Ihren Lieblingsfilm des jeweiligen Alters. So finden Sie möglicherweise wieder Ideen für heutige Beschäftigungen, oder sie amüsieren sich über die Verirrungen Ihres Geschmacks in früheren Lebensphasen (Abb. 8.5).

**Abb. 8.5** Enkel und Opa unterwegs (© Weinberger)

Ähnlich ist es aber auch, wenn wir mit Tieren spielen, dem Hund, der Katze. Wir können ihnen aber auch einfach nur beim Spielen zusehen. Durch die Entdeckung der Spiegelneuronen (s. *Spielball Wissen 8.2 ‚Spiegelneuronen'*) wissen wir, dass beim Zuschauen dieselben Nervenzentren im Gehirn aktiviert werden, die beim direkt Agierenden aktiviert sind. Das heißt, die Freude, die Unbekümmertheit der Kinder wie auch der spielenden Tiere bewegt unser motorisches und emotionales Zentrum, wir spielen im Inneren mit und tanken auch dadurch viel Lebensenergie.

Ingrid S. (65 J.) ist alleinstehend, aber sie hat den Hund „Kobold", mit dem sie ausgelassen spielen kann. Ebenso genießt sie es, zuzuschauen, wenn Kobold mit anderen Hunden spielt. Abgesehen von den Kontakten, die sie durch das tägliche „Gassi gehen" gewonnen hat und pflegt, ist Kobold derjenige, der bei ihr immer wieder Faszination auslöst.

**Achtsamkeit in der Natur erleben**
Von Friedrich Nietzsche stammt die Aussage: „In der Natur fühlen wir uns so wohl, weil sie kein Urteil über uns hat." Dazu kommt: Jede Jahreszeit sieht anders aus, riecht anders, fühlt sich anders an, hört sich anders an, ja, schmeckt auch anders. Aber in der Natur gleicht auch kein Tag dem anderen.

Das jetzt noch einmal bewusst erleben zu können, was ich als kleines Kind ganz unbewusst in mich aufgenommen habe, das ist ein Geschenk, das vielen Menschen erst im Alter bewusst wird.

Wenn bereits ein körperliches Gebrechen da ist, dann kann ich umso mehr Details wahrnehmen, über die ich früher einfach hinweggesehen habe. Jetzt nehme ich die glitzernden Regenperlen auf dem goldgelben Kastanienblatt genau wahr, bemerke einzelne, die wie festgeklebt aussehen, andere, die sich bewegen und rollen. Ich bin auf einmal fasziniert vom Spiel der Regentropfen.

Die 65-jährige Anne W., die im Rollstuhl sitzt und in einem Seniorenheim lebt, fährt mit Begeisterung – wenn immer es das Wetter zulässt – in den naheliegenden Rhododendronpark, um dort die vielfältigen Blumen immer wieder aufs Neue zu bewundern, zu fotografieren und den Wechsel der Jahreszeiten festzuhalten.

**Mit der Erinnerung spielen**
Neben jeder Art von schöpferischem Arbeiten ist auch das Erinnern eine Lebenshilfe, die wir im Alter nutzen können. Die Hirnforschung zeigt, dass das Gedächtnis weniger ein Speicher der Erinnerungen ist, als vielmehr ein Transformator, in dem Erinnerungen auch verarbeitet und umkonstruiert werden. Der emotionale Kontext, die heutige Einstellung, mit der etwas erinnert wird, verfärbt die Erinnerung. Nach jedem „Darüber-Sprechen" hat sich die Erinnerung etwas verändert, wird anders gewichtet.

Wenn ich eine Geschichte erzähle, dann reagiere ich auch noch einmal auf das Geschehen und kann es – aus der Distanz heraus – neu reflektieren und bewerten und sogar „umschreiben", indem Gedanken und Hilfsmöglichkeiten einfließen, die damals nicht oder noch nicht zur Verfügung standen (Riedel 2015).

Gerda N. (78 J.), die seit einigen Jahren in einem Seniorenheim lebt, erzählt der 35-jährigen Karin ihr Leben. Ausgehend von einem Projekt in einer Schreibwerkstatt hatte Karin angefragt, welche Seniorinnen oder Senioren daran Interesse hätten, Erfahrungen aus ihrem Leben aufschreiben zu lassen. Gerda N. erzählt, woran sie sich erinnert, Karin versucht, dies dann in eine gewisse chronologische Reihenfolge zu bringen. Dieses Erzählen ist für Gerda N. wie für die zuhörende Karin oft sehr berührend. Als Krankenschwester kann sie mit Emotionen umgehen und sie aushalten. Gerda N. lebt bei diesen Erinnerungen auf, mal ist sie glücklich, mal traurig, immer bewegt sich etwas und es entsteht etwas Neues. Nicht ohne Grund ist die Biografiearbeit auch eine psychotherapeutische Methode, um Vergangenes erinnern, ordnen und verarbeiten zu können.

Die 68-jährige Anneliese G. hatte, nachdem ihr Mann durch einen Arbeitsunfall schwer verletzt wurde, nicht mehr arbeitsfähig war und von ihr zu Hause betreut werden musste, eine Depression entwickelt. Im Laufe der psychotherapeutischen Arbeit wurde Frau G., die von Beruf Schneiderin war, dies aber schon lange nicht mehr ausgeübt hatte, aufgefordert, ihr Leben an Hand von Stoffen mit verschiedenen Farben und Mustern in einer Art Patchworkarbeit darzustellen. Frau G. war anfangs sehr skeptisch, ob sie das überhaupt noch könne. Dann fing sie aber an und gestaltete ihr Leben. Angefangen vom ersten Stück Stoff für die Geburt bis zum heutigen Tag. Frau G. machte dies mit immer mehr Hingabe, Stück für Stück wurde ausgewählt, geprüft, angenäht, teilweise auch wieder abgetrennt, wenn es der anschließenden Betrachtung nicht standhielt. Höhen und Tiefen im Leben wurden durch das Material und die Farben sichtbar gemacht. In den psychotherapeutischen Sitzungen wurde jeder Abschnitt sorgfältig begleitet. Anneliese G. erkannte, wie viel Gutes ihr auch widerfahren war, wie sie mit Krisen umgegangen war und wieviel Stärke in ihr war. Während dieser Arbeit an ihrem Leben ging es ihr schrittweise immer besser, zum Ende hin hatte sie sich mit ihrem Leben ausgesöhnt, konnte das Vergangene gut loslassen und neue Perspektiven für sich entwickeln.

**Mit positiven Gefühlen spielen**

Wie bereits erwähnt, sind positive Gefühle ganz entscheidend für unsere Gesundheit, ob in körperlicher, geistiger oder seelischer Hinsicht. Sicher ist es nicht leicht, positive Gefühle zu empfinden, wenn gerade etwas so richtig schiefgegangen ist, ich beleidigt oder gekränkt wurde oder gar einen Verlust erlebt habe. Oft ist es aber so, dass viel zu viel als selbstverständlich hingenommen wird und zu wenig aktiv darum gerungen wird, positive Gefühle zu erlangen. Kinder sind im Schnitt sehr viel positiver gestimmt, auch wenn sie so vielen Verboten, Ermahnungen oder krassen Zurechtweisungen ausgesetzt sind – die sie oft gar nicht verstehen können. Aber sie erleben noch so viel mehr Faszination und Staunen, dass sie viel schneller aus den negativen Gefühlen wieder herauskommen. Erwachsene können lernen, sich mehr auf das Positive in ihrem Leben zu fokussieren.

Hier noch ein paar Ideen:

- Schreiben Sie wieder ein Tagebuch, in das Sie positive und negative Gefühle notieren und auch, wofür Sie sich an diesem Tag bedanken möchten. Oder schreiben Sie Ihre Memoiren.
- Beginnen Sie wie die bereits erwähnte Joan Erikson, ein Lebensbild zu weben und sehen Sie, wie jede Lebensphase mit der anderen ineinander verwoben ist…
- Suchen Sie jeden Abend nach einem Erlebnis, das Ihnen heute Freude gemacht hat.
- Legen Sie für jedes schöne Ereignis eine Glasmurmel in eine Schale.
- Beenden Sie jeden Tag mit einer Dankbarkeitsübung: Zählen Sie drei Sachen auf, für die Sie dankbar sind, wie z. B. fließendes Wasser zu haben, ein Bett, ein Dach über dem Kopf, genug zu essen, Kleidung…

Abschließend eine kleine Geschichte:

---

### Die Bohnengeschichte

Eine alte Frau verließ niemals das Haus, ohne zuvor eine Handvoll Bohnen in ihre rechte Jackentasche einzustecken. Sie tat dies nicht etwa, um Bohnen zu kauen. Nein, sie nahm sie mit, um die schönen Momente des Tages bewusster wahrzunehmen, und um diese besser zählen zu können.

Für jede positive Kleinigkeit, die sie tagsüber erlebte, z. B. einen fröhlichen Gruß auf der Straße, das Lachen eines Kindes, ein köstliches Essen, einen schattigen Platz in der Mittagshitze, die Begegnung mit einem Tier, liebevolle Augenblicke, Verständnis und Toleranz – für alles, was sie glücklich machte –, ließ sie eine Bohne von der rechten in die linke Tasche wandern. Manchmal waren es gleich zwei oder drei.

Abends saß sie dann zu Hause und zählte die Bohnen aus der linken Tasche. Sie zelebrierte diese Minuten. So führte sie sich vor Augen, wie viel Schönes ihr an diesem Tag widerfahren war. Sie freute sich und war aus ganzem Herzen dankbar. Und sogar an einem Abend, an dem sie bloß eine Bohne zählte, war der Tag gelungen, denn es hatte sich gelohnt, für diese eine Bohne zu leben. (Autor unbekannt)

> **Auf den Punkt gebracht**
> - Sechzigjährige heute haben statistisch noch so viele Lebensjahre vor sich wie nie zuvor in der Menschheitsgeschichte.
> - Die Forschung hat aufgezeigt, dass wir bis ins hohe Alter lernfähig sind, dass wir unseren Alterungsprozess beeinflussen können und wie wichtig positive Gefühle für unsere Gesundheit sind.
> - Es gibt immer mehr Bildungseinrichtungen und Angebote für Menschen im Alter, um geistig, körperlich und seelisch beweglich zu bleiben.
> - Wie auch beim mittleren Alter, das Entscheidende ist immer der erste Schritt.
> - Sich spielerisch auszuprobieren, ob geistig oder körperlich, wirkt immer auch auf das seelische Befinden ein, das wiederum auf den geistigen und körperlichen Zustand zurückwirkt.

**Ja, aber – „Wie finde ich die Lust am Bewegen, wenn manchmal schon das Aufstehen vom Stuhl mühsam ist?"**

Fangen Sie mit kleinen Bewegungsimpulsen an, statt in eine Bewertung reinzurutschen wie zum Beispiel: Wieder so eine blöder Tag/Ich kann doch gar nichts mehr/Diese dummen Schmerzen etc.

Atmen Sie bewusst einige Male tief ein und aus und spüren Sie in Ihren Körper hinein. Atmen Sie gezielt auch zu den Schmerzstellen hin, am Anfang einer Bewegung atmen Sie aus. Das wirkt Wunder, um die Schmerzen aus dem Körper zu befördern! Einfach nur spüren, nicht kommentieren. Dann fangen Sie mit kleinen Bewegungsimpulsen an, es kann der kleine Finger sein, den Sie bewegen. Es geht immer um den Anfang. Danach folgen Sie einfach den sich automatisch einstellenden, weiteren Bewegungsimpulsen, z. B. den kleinen Finger der anderen Hand dazu nehmen usw.

Das gleiche gilt auch, wenn Sie im Rollstuhl sitzen oder anderweitig gehandicapt sind.

**„Ich habe mangels Auto hier auf dem Land keine Möglichkeit, einen VHS-Kurs oder eine andere Bildungseinrichtung zu besuchen, um Neues zu lernen. Und für Reisen fehlt mir das Geld."**

Auch kleinere Gemeinden haben mittlerweile einen sogenannten Seniorenbeauftragten, der für die Senioren im Ort Veranstaltungen und kleinere Reisen organisiert. Erkundigen Sie sich in ihrem Ort, ob es Initiativen, wie z. B. www.bürger-helfen-bürgern.de gibt. Sie bieten u. a. Mitfahrgelegenheiten, Einkaufsdienste an und sind an der Bildung von Gesprächs-, Vorlese- und Spielepartnerschaften beteiligt. Darüber hinaus soll noch einmal betont werden: Spielen können Sie mit allem, es ist mehr eine Frage der Haltung als des Angebotes oder des Materials.

**Gedankenspiele**

- Wie viel Spielraum ist in meinem Leben?
- Kenne ich das noch, im Spiel ganz zu versinken?
- Was fasziniert mich am Spielen? Was fasziniert mich überhaupt?
- Wie komme ich in diese Faszination hinein?
- Welche Spiele habe ich früher gerne gespielt? Was begleitet mich spielerisch schon mein ganzes Leben?
- Welche Spiele könnte ich wieder aufleben lassen?
- Welche spielerischen Rituale könnte ich in meinen Alltag einbauen?

**Bücherkiste**

- Anderson, Joan (1988): Wisdom and the senses. The way of creativity. New York: Norton.
- Kindl-Beilfuß, Carmen (2008): Fragen können wie Küsse schmecken. 111 Fragekarten. Heidelberg: Carl Auer.
- Osborn, Caroline/Schweitzer, Pam/Trilling, Pam (2012): Erinnern: Eine Anleitung zur Biographiearbeit mit älteren Menschen. 2. Auflage. Freiburg: Lambertus.
- Schmid, Wilhelm (2014): Gelassenheit. Was wir gewinnen, wenn wir älter werden. Berlin: Insel.
- Schweighöfer, Kerstin (2015): 100 Jahre Leben – welche Werte wirklich zählen. Hamburg: Hofmann und Campe.
- Seggelke Ute Karen (2013): Wir haben viel erlebt. Jahrhundertfrauen erzählen aus ihrem Leben. München: Sandmann.
- Seggelke, Ute Karen (2014): Gelassen und ein bisschen weiser. Lebensansichten starker Frauen. Freiburg: Herder.
- Shibata, Toyo (2013): Du bist nie zu alt, um das Leben zu lieben. Ermutigungen einer Hundertjährigen. München: Piper.
- Strauch, Barbara (2010): Da geht noch was. Die überraschenden Fähigkeiten des erwachsenen Gehirns. München: Berlin Verlag
- Tudor-Sandahl, Patricia (2007): Das Leben ist ein langer Fluss. Über das Älterwerden. Freiburg: Herder.

**Filme**

- Harold and Maude (1971) von Hal Ashby
- Die Herbstzeitlosen (2006) von Bettina Oberli

- Kirschblüten-Hanami (2008) von Doris Dörrie
- Best Exotic Marigold Hotel (2011) von John Madden
- Amour- Liebe (2012) von Michael Hanecke
- Sein letztes Rennen (2013) von Kilian Riedhof

## Literatur

Anderson J (2015) Spaziergang am Meer. dtv, München
Bannasch L, Junginger B (2015) Gesunde Psyche, gesundes Immunsystem: Wie die Psychoneuroimmunologie gegen Stress hilft. Knaur MensSana, München
Bauer J (2006) Warum ich fühle, was du fühlst. Intuitive Kommunikation und das Geheimnis der Spiegelneurone, 8. Aufl. Heyne, München
Berndt C (2015) Resilienz. Das Geheimnis der psychischen Widerstandskraft, 4. Aufl. dtv, München
Berg F (2014) Übungsbuch Resilienz. Junfermann, Paderborn
Blackburn E, Epel E (2017) Die Entschlüsselung des Alterns: Der Telomer-Effekt. Mosaik, München
Cohen GD. zitiert in Riedel I (2015) Die innere Freiheit des Alterns. Patmos, Ostfildern, S 96–97
Glück J (2016) Weisheit. Die 5 Prinzipien des gelingenden Lebens. Kösel, München
Gürtler K (2017) Dem Alter ins Gesicht schauen – mit psychologischem Blick. Psychotherapeutenjournal 4:310–315
Holt-Lunstad J, Smith TB et al (2015) Loneliness and social isolation as risk factors for mortality: a meta-analytic review. Perspect Psychol Sci 10:227–237
Huber G, Broocks A, Meyer T (2013) Bewegung und seelische Gesundheit. PiD-Psychotherapie im Dialog 2008 9(4):357–367
Hüther G (2017) Raus aus der Demenzfalle. Wie es gelingen kann, die Selbstheilungskräfte des Gehirns rechtzeitig zu aktivieren. Arkana, München
Keller H (2003) Meine Welt. Blind, taub und optimistisch, 7. Aufl. Werner Pieper & die grüne Kraft, Löhrbach
Müller T (2013) Sport hilft so gut wie Antidepressivum. Ärzte Zeitung App. 03.12.2013
Pöppel E, Wagner B (2010) Je älter desto besser. Überraschende Kenntnisse aus der Hirnforschung. Gräfe und Unzer, München
Riedel I (2015) Die innere Freiheit des Alterns. Patmos, Ostfildern

# 9

# Ausblick

„Nicht was wir gelebt haben, ist das Leben,
sondern das, was wir erinnern und wie wir es
erinnern, um davon zu erzählen".
(Aus: Leben, um davon zu erzählen, Gabriel Garcia Marques).

Verspieltheit, oder auch playfulness, wird von der psychologischen Fachwelt, den Neurowissenschaften, aber auch in der beruflichen Zukunftsforschung („playful business") als wichtige kulturelle Überlebensfähigkeit bezeichnet. Uns war in diesem Buch wichtig zu zeigen, dass der einzelne Leser zum einen mehr davon weiß, wie *gesund* eine spielerische Haltung für das eigene Leben sein kann (Resilienz) und zum anderen erkennt, wie wichtig *gemeinsames spielerisches Tun* für den Zusammenhalt von Menschen ist: Gerade in der heutigen Zeit, in der durch eine zunehmende Fragmentierung und Vereinzelung das Bedürfnis nach Verbundenheit zunimmt. Im Spiel mit anderen erfolgt ein bewusstes In-Beziehung-Treten, das Wettbewerb, aber nicht unbedingt Konkurrenz beinhaltet, das sich mit jeder Runde, jeder Folge neu gestaltet und in dem wir uns selber und unsere Mitspieler immer wieder neu überraschen können. Es ist ein Leben im Augenblick, das mit jedem Spiel neu entsteht, mit neuen Chancen und einer neuen zwischenmenschlichen Dynamik.

Lassen Sie uns zum Abschluss auf eine Welt blicken, die gut funktionieren kann, eben *weil* wir wieder mehr spielerische Elemente in unser Leben bringen. Wer viel leistet, kann und darf sich dafür auch belohnen und zwar fernab von schädigendem Konsum- und Suchtverhalten. Unsere Welt bietet wesentlich mehr, wie wir in den vielen Beispielen und Ideen gesehen haben.

Wir sollten uns wieder öffnen für die faszinierenden, verspielten Momente im Leben!

Wir haben in diesem Buch gesehen, dass der Mensch von klein auf in der Lage ist, sich zwischen Anspannung und Entspannung, Bewegung und Ruhe, Tun und Nichtstun zu regulieren und sein inneres Gleichgewicht durch selbstgewähltes Spiel zu finden. Diese Fähigkeit, mit Stress und Herausforderungen gut umzugehen, ist die *Verspieltheit,* die wir bei Kindern beobachten und die uns Erwachsene so sehr fasziniert.

Jeder Einzelne, dem es gelingt, diese angelegte Ressource mit in das Erwachsenenleben hineinzunehmen, wird belohnt werden mit Lebendigkeit, Selbstvertrauen und Gesundheit. Seine Ausgeglichenheit und spielerische Lebenskunst werden sich auf seine Beziehungen in der Familie und im Beruf auswirken und den Zusammenhalt von Menschen prägen und stärken.

Dies ist die Vision einer gesunden Gesellschaft, so wie wir sie uns vorstellen.

MIX
Papier aus verantwortungsvollen Quellen
Paper from responsible sources
FSC® C105338

If you have any concerns about our products,
you can contact us on
**ProductSafety@springernature.com**

In case Publisher is established outside the EU,
the EU authorized representative is:
**Springer Nature Customer Service Center GmbH
Europaplatz 3, 69115 Heidelberg, Germany**

Printed by Libri Plureos GmbH
in Hamburg, Germany